# 成功捕捉敏感期

**家长不茫然，孩子更优秀**

方 香 ◎编著

外语教学与研究出版社
北京

**图书在版编目 (CIP) 数据**

成功捕捉敏感期：家长不茫然，孩子更优秀 / 方香编著. -- 北京：外语教学与研究出版社，2017.8
ISBN 978-7-5135-8963-5

Ⅰ．①成… Ⅱ．①方… Ⅲ．①儿童教育－家庭教育 Ⅳ．①G782

中国版本图书馆 CIP 数据核字 (2017) 第 218150 号

| | |
|---|---|
| 出 版 人 | 蔡剑峰 |
| 项目策划 | 刘　荣 |
| 责任编辑 | 刘　荣 |
| 封面设计 | 永诚天地 |
| 出版发行 | 外语教学与研究出版社 |
| 社　　址 | 北京市西三环北路 19 号（100089） |
| 网　　址 | http://www.fltrp.com |
| 印　　刷 | 三河市北燕印装有限公司 |
| 开　　本 | 710×1000　1/16 |
| 印　　张 | 13.5 |
| 版　　次 | 2017 年 9 月第 1 版　2017 年 9 月第 1 次印刷 |
| 书　　号 | ISBN 978-7-5135-8963-5 |
| 定　　价 | 29.80 元 |

购书咨询：（010）88819926　电子邮箱：club@fltrp.com
外研书店：https://waiyants.tmall.com
凡印刷、装订质量问题，请联系我社印制部
联系电话：（010）61207896　电子邮箱：zhijian@fltrp.com
凡侵权、盗版书籍线索，请联系我社法律事务部
举报电话：（010）88817519　电子邮箱：banquan@fltrp.com
法律顾问：立方律师事务所　刘旭东律师
　　　　　中咨律师事务所　殷　斌律师
物料号：289630001

# 敏感期
## 是培养孩子的最佳时机

最早提出"敏感期"这一名词的人是荷兰生物学家德·弗里，他在研究动物成长过程时，使用了"敏感期"这个词语。后来，意大利幼儿教育专家玛丽亚·蒙台梭利在对儿童成长的研究中发现，儿童的成长也会出现敏感期，从而提出了"儿童敏感期"这一概念。

孩子在呱呱落地的那一刻起，就已经进入了敏感期。他从冥暗的世界中微微地张开双眼，虽然他看不清眼前的景象，眼前的这个世界他看起来也很模糊，但这个时候，孩子的"视觉敏感期"开始了。他会用小嘴巴四处寻找食物，最后定格在乳房上，并认真地吸吮着乳汁。虽然他不明白这是在进食，但他的"口腔敏感期"也开始了。在随后的日子里，伴随着孩子的健康成长，我们会发现，孩子慢慢地学会了说话、吃饭、走路、奔跑、阅读、写字……这一切都如梦幻一般，孩子对这个世界的认知从无到有，从简单到复杂。他努力地探索这个这个世界，慢慢地适应着这个的世界，既神奇又有趣。

"儿童敏感期"是大自然赋予孩子成长的礼物。孩子在接受外界环境刺激的同时，能获得敏锐的感受力，从而促进他的身心发展。处于敏感期的孩子，孩子会产生一种无法遏止的动力，驱使孩子去探询外在的世界。当敏感期过去，这股力量才会慢慢退去。因此，教育专家们认为："儿童敏感期"既是孩子成长的关键期，也是家长施教的关键期。

"儿童敏感期"的种类比较复杂，不同时期的孩子，敏感期也有所不同。一般情况下，我们会把孩子的敏感期分为"感官敏感期""语言敏感期""秩序敏感期""关注敏感期"等具体的种类，"感官敏感期"由可分为"视觉敏感期""听觉敏感期""口腔敏感期""手的敏感期""脚的敏感期"等更为具体的敏感期。以下介绍的是孩子常见的敏感期。

"感官敏感期"产生于 0~2 岁之间。当孩子出生那一刻开始，就开始进入了"感官敏感期"。在孩子的成长过程中，听觉、视觉、味觉、触觉等感官的发展都会经历"感官敏感期"。处于这个阶段的孩子，想要更多地靠知觉去感受这个世界，因此，这个时期是提高孩子感官灵敏度的最佳时期。当孩子对某种事物产生诉求的时候，家长要在绝对安全的情况下尽可能地满足他。

"语言敏感期"主要产生于 1~2 岁之间。当孩子开始注意大人讲话，牙牙学语的时候，他的"语言敏感期"便开始了。对这个阶段的孩子而言，学习语言是最有乐趣的事情，只要孩子有机会接触语言，他就会立刻学起来。这时的孩子有着天然的语言天赋。

"秩序敏感期"主要产生于 2~3 岁之间。当孩子对世界逐渐有了认知的欲望，他便开始与外在的世界建立联系，并希望外在的世界能按照他的意愿来运转。如果他所建立的"有序世界"遭到破坏，他就会变得无所适从。处在这个阶段的孩子，在做事的习惯和顺序方面往往会有极高的要求。如果达不到要求，他就会大哭大闹。家长可以引导孩子将懵懂无知的状态转化为有规律生活的状态。

"关注敏感期"主要产生于2~3岁之间。当孩子盯着地上的蚂蚁半天没动地方，家长不要打扰他，他可能正处在对细微事物感兴趣的"关注敏感期"。他的眼睛总是比大人更敏锐，往往会把大人忽略的小事儿记在心里，因此这是培养孩子洞察力的最佳时期。当孩子发现了一个自己值得关注的事物时，家长要保持耐心，并给予孩子赞扬和鼓励。

"空间敏感期"主要产生于2~3岁之间。如果孩子不再愿意当乖孩子，而变成了一个上蹿下跳的"野孩子"，这就说明他已经进入了"空间敏感期"了。他会因为自己能从高处跳下而快乐，会因自己能趴在地上而高兴，会因为运用四肢而得意。因此，"空间敏感期"训练孩子四肢的协调能力，保持左右脑均衡发展的重要阶段。

"社会规范敏感期"主要产生于5~6岁之间。当孩子开始结交朋友，对群体生活有了初步的认识，他便开始逐渐形成独立意识，进入"社会规范敏感期"。这个阶段的孩子往往会脱离家长的庇护，寻找志趣相投的小伙伴，并会接受日常生活行为规范的约束。因此，我们说。"社会规范敏感期"是培养孩子遵守社会规范、懂得日常礼节的最佳时期。

"书写和阅读敏感期"主要产生于5~6岁之间。如果孩子对一支笔感兴趣，在各种能够涂写的地方下笔时，或者孩子不在满足于听故事，而会静下心来与家长一起阅读书籍，那么就说明孩子的"书写和阅读敏感期"到了。处于这个阶段的孩子，已经具备了获取知识的能力，这也是孩子智能发展到一定阶段的必然结果。家长利用这个阶段好好培养孩子的书写和阅读能力，将会为他的书写和阅读习惯培养打下良好的基础。

根据孩子"敏感期"存在的不同特点，家长可以了解到，培养孩子是可以"分阶段，分类别"的，家长可以根据孩子在不同阶段的特点来针对性地培养孩子。家长有选择性地培养孩子，针对不同阶段运用不同的方法进行教育，那么孩子的身心成长将会得到更好的发展。作为家长，我们要尽可能地给予孩子充分的自由，给予孩子充分的理解和尊重。

需要强调的是，"儿童敏感期"并不会严格按照时间段的划分如约而至，而会根据实际情况出现或早或晚的情况。因此，作为家长，我们不要过于担忧孩子的敏感期的时间问题。

敏感期是培养孩子的最好时机，是科学培养孩子的最佳突破口。本书则是一本帮助家长成功捕捉 0~6 岁孩子成长过程中的敏感期的育儿方法指导书。本书结合了数十个典型的敏感期案例，阐述了 0~6 岁孩子各个阶段存在的敏感期。案例故事娓娓道来，教育方法科学有效，能为广大家长排忧解难，培养出更加优秀的孩子。我们真切地希望本书能通过一篇篇跌宕起伏的故事，解去家长内心深处的忧虑。

很荣幸，这本书可以参与您的生活，为您带去安慰与帮助。其实，孩子的每个敏感期同样也是家长的敏感期，因此，只有双方配合融洽，才会拥有一个更好的未来。

# 目 录

第**1**篇

# 0~2岁：
# 身体快速成长

# 1

## "视觉敏感期"：
## 黑白色是他最喜欢的色彩

眼睛是心灵的窗户，是人类用来发现事物、探索世界的"第一切入口"。对刚出生的孩子来说，他不会行走，不会说话，视觉便是他接收外在信息的首要器官。所以，孩子一出生就会进入"视觉敏感期"，而且会一直持续到三岁左右。这个时期，通过外界的各种刺激，孩子的视觉会迅速发展，并且会带动其他感觉器官的发展。可以说，视觉是其他感官发育的基础，视觉发育良好，触觉、听觉等感官才能得到进一步的发展。孩子接受的视觉刺激越多，头脑中的"网络"就会越精密。所以，我们要针对孩子在不同时期的发育特点，对孩子进行有效的视觉训练，让孩子顺利度过"视觉敏感期"，为孩子今后更好地探索世界打下良好的基础。

当我们在雨后的天空看见彩虹时，我们的内心无比激动，那五颜六色的彩虹，横贯半个天空，多么美丽啊！当我们在辽阔无边的大草原上看到满目的青翠时，我们一定也会感到心旷神怡，那一望无际的绿草铺满大地，到处充满了生机和活力。我们在为自己看见了世界上那么多美丽的景色而欢呼雀跃时，心中必然会感激父母，因为是他们赐予了我们明亮的眼睛。

人们都说"眼睛是心灵的窗户"，是因为人与人之间能够通过眼神进行交流。这么说来，人的眼睛就显得尤为重要了。此刻，每个家长在面对自己的孩子时，也一定希望他拥有一双明亮的眼睛，并用这双明亮的眼睛去感知未知的世界。

每个家长看着刚来到这个世上的宝宝，都想好好地照顾这个小生命，都想让他拥有一双明亮的眼睛，帮助他去发现这个世界的美。那么，如何才能培养好孩子的视觉能力呢？这需要父母付诸实践，抓住孩子的"视觉敏感期"。

## 黑白色是孩子最爱的颜色

聪聪爸爸是一名优秀的画家，对色彩非常敏感。他希望自己的儿子将来也能像自己一样，在颜色和图画方面有着特殊的天赋。

半岁的聪聪还不会说话，也不会走路时，聪聪爸爸就开始设法寻找各种图画给他看，有时还会对着他讲解自己的作品，但聪聪妈妈却不认可他的这种做法。聪聪妈妈认为，孩子还没有色彩意识，现在培养他为时过早，况且孩子看到这些图画时一点儿反应都没有，这简直就是在耽误时间！

聪聪爸爸却不以为然，他认为培养孩子要趁早，别人家的孩子也是这样培养的，即便孩子看不懂这些图画，或听不懂他讲的话语，但这也算是一种熏陶啊！

聪聪的爸爸和妈妈一直在为这件事争执，谁也说服不了对方。

一天上午，聪聪爸爸推着聪聪在小区里散步，心里一直琢磨着："如何才能更好地培养孩子，让他将来成为像我一样优秀的画家呢？"他走着走着就来到了小区楼下的绿荫底下，此时的阳光透过树叶洒在地上，这样的生活显得格外安逸。

这时，他们恰好遇见了隔壁的邻居小王阿姨。小王阿姨一见到小聪聪，就立刻走过来逗他玩。小王阿姨俯下身，看着躺在婴儿车里的聪聪，说道："聪聪，你在干什么呢？嗯，你在散步呢！"然后她又转身对聪聪爸爸说："这孩子长得越来越像你啊，将来肯定是个大帅哥！哈哈……"

聪聪爸爸连忙笑道："哪里哪里，您过奖了！我只希望他能跟我一样，将来能成为一个画家，喜欢画画就行了！"

小王阿姨拍了拍聪聪爸爸的肩膀，安慰道："孩子这么小，你就惦记他以后当画家了，你真够可以的！不过你不用担心，他将来肯定能成为一个有用的人。你也别太着急！别把孩子的欢乐时光都用来学习画画。"

小王阿姨说完，又俯下身子去逗聪聪，聪聪盯着她，竟然笑了。孩子看起来可高兴了，小手还到处乱抓呢！

聪聪爸爸觉得有些奇怪，心想："为什么以前小王阿姨逗儿子的时候，儿子就没有这么大反应呢？难道儿子现在开始认人了？"他一边质疑，一边俯下身子去观察儿子的变化。没想到，儿子看见爸爸也高兴极了，又是笑又是抓的。

聪聪爸爸发现：只要自己俯下身，儿子就会高兴地抓来抓去，但是只要自己站直了身子，儿子就会对自己视而不见。"难道儿子是想亲近自己？"一想到这里，聪聪爸爸又俯下身子，观察儿子的变化。他把手伸在半空中，聪聪却没有抓住。聪聪的手在空中一抓一抓的——他正玩得高兴呢！聪聪爸爸这才明白，原来儿子并非因为他或者小王阿姨而高兴，而是对空中的某种东西产生了兴趣。

聪聪爸爸想到这里，告别了邻居小王阿姨，推着车子走到了阴凉处。他打算在这里好好观察一下，看看儿子究竟对什么感兴趣。不过，奇怪的事情发生了，聪聪又恢复了平静，不喜也不笑，不哭也不闹，小手也不到处抓了。

"难道儿子只对刚才的地方感兴趣？"聪聪爸爸思索着，又将聪聪推到刚才的地方，让阳光洒在聪聪的身上。没过一会儿，聪聪看着旁边来来往往的人，又开始笑了……

聪聪爸爸仔细地观察着周围的事物，可什么也没发现。他小声地嘀咕："这里除了阳光，什么也没有啊！难道他对阳光产生了兴趣？"

为了证实这一点，他反复地将聪聪推到阴凉处和有阳光的地方。结果证明，聪聪确实对阳光产生了兴趣。

随后，他推着聪聪回到家里，把聪聪抱到有阳光的阳台上，继续逗他玩。果然，聪聪又笑了！

他把聪聪抱到了婴儿床上，急急忙忙地拿着手机上网搜索，看看这究竟是怎么回事。他找了半天才发现，原来这就是所谓的"视觉敏感期"。

聪聪爸爸了解到这一情况之后，内心有些激动。他将有颜色的图画和物品都收了起来，然后拿出笔和纸，开始了新的创作。

他一边画，一边想："难怪儿子看了我的作品没有什么反应，原来是因为我把颜色搞错了！以后我要多画一些黑白相间的画，这样儿子跟我就有更多的话题了。"

傍晚，聪聪妈妈从外面回来，看到父子俩正笑得开心呢！她放下包，换上拖鞋，急忙跑过来逗聪聪。聪聪妈妈抚摸着儿子的小脸说道："宝贝儿，有什么好事让你笑成这样啊？妈妈没在家，你过得好吗？"说完，聪聪妈妈不经意地抬起头一看，发现聪聪爸爸又犯了给孩子看图画的毛病。

聪聪爸爸见聪聪妈妈还没发飙，赶紧跟她解释："老婆，你没在家的时候，我恶补了一下培养孩子的方法。你说的对，我不应该总是给孩子看彩色的图片，根本不管用。专家说了，孩子在这个阶段属于'视觉敏感期'，看黑白或明暗相间的图画比较好。我刚画了几张画，都是黑白的。我给儿子看了，他可喜欢了！"

聪聪妈妈一听，发现聪聪爸爸有进步，回答道："早就让你听我的！你知道我今天干什么去了吗？我去参加'好妈妈俱乐部'的聚会了，你说的那些我已经知道了。孩子可不是你随便教育就能变成天才的，我们要好好呵护才行啊！"

聪聪爸爸连忙点头，说道："对，对，老婆说的对！"

## Parenting
## 育儿一点通

一个婴儿呱呱落地，来到这个全新的世界，任何事物对他来说都是新奇的。当黑暗的尽头出现了些许光明，婴儿就会感到特别新鲜，所以他会对亮光先产生好感。他会凭着本能去接近一些发光体，直到发光体完全把黑暗照亮。

许多有经验的父母会在这个阶段给孩子买一些黑白相间的图案来给孩子看，以便引起孩子的高度关注。这样的做法，能很好地提高孩子的色彩敏感度，可以更好地促进孩子的视觉发育。

## 孩子的视觉能力需要适时培养

"好妈妈俱乐部"通知各位妈妈：小区附近的书店新进了一批专门培养孩子视觉能力的大卡片。听说其他家长都去买了，聪聪妈妈也按捺不住了。她心想："我家宝贝可是聪聪爸爸的希望，将来要当画家的，怎么能输在'起跑线'上呢？我必须买回来给孩子看。"第二天一早，聪聪妈妈就带着聪聪出了家门，来到了书店。

说起来，聪聪妈妈也真是太厉害了。在其他妈妈惊讶的目光下，她一手拿着黑白大卡片，一手推着婴儿车，直奔收银台结账去了。聪聪妈妈一回到家中，就把聪聪的房间收拾了出来。她把黑白大卡片一张一张地排在聪聪的面前，让聪聪一直看。

刚开始，聪聪似乎很有兴趣地看着这些图片，但是没过多久，他就不高兴了。他甚至开始发起了脾气，小脸蛋憋得通红，就差哭出声了。可是，聪聪妈妈依然沉浸在"把孩子培养成画家"的幻想当中，仍乐此不疲地布置着聪聪的房间。

半天时间过去了，聪聪妈妈终于完成了一件大事。她看着满屋子的黑白图片，感觉还真有点儿眼晕。"为了孩子的未来，我还是忍一忍吧！"她一边这样想着，一边心满意足地看着这些让自己都有些晕的"视觉培养图"。

然而，她辛辛苦苦布置的"视觉培养屋"并没有带来她想要的"收益"。当天下午，聪聪就不开心了，他面色沉重，好像遇到了大麻烦，但又说不出来。

聪聪妈妈赶紧给正在画室画画的聪聪爸爸打了个电话，说："不好了！咱家聪聪不知道怎么回事，不吃不喝也不玩耍，总是皱着眉头，好像很烦躁啊！他是不是得了什么病啊？"

聪聪爸爸一听，把画笔一扔，赶紧跑回了家。他一进家门就冲到了聪聪的房间，然后被满屋子的景象惊呆了。

他问聪聪妈妈："老婆，你这是……"他指了指满墙的黑白图片。

"培养孩子的视觉能力啊！你不是一直希望他将来成为一名优秀的画家吗？我们俱乐部今早通知大家去买大卡片，我买了好多。我们可不能落后啊！我这也是为了你的心愿啊！"聪聪妈妈看着墙上的图片，成就感十足。

"可是……"聪聪爸爸欲言又止，问道："孩子怎么样了？发烧了没？是不是感冒了啊？"

聪聪妈妈无奈地说道："我也不知道怎么回事，应该不是感冒。他刚开始还好好的呢！"

"会不会因为他在这个屋子里憋坏了？咱们带他去楼下转转吧！"聪聪爸爸说完，就轻轻地抱着聪聪离开了房间。

谁知，聪聪一离开自己的房间，就像打了鸡血一样。小家伙可精神了！他一会儿咿咿呀呀地叫，一会儿咯咯地笑。聪聪爸爸一边陪孩子玩，一边对聪聪妈妈说："我说老婆，咱家孩子没毛病啊，他肯定是在屋子里面憋坏了。满屋子的黑白色，我看着都眼晕，更别说咱家孩子了。"

"我这不是为孩子好吗？现在让他多看看，他将来就可能在视觉方面比别的孩子强，说不定他就是中国的毕加索呢！"聪聪妈妈解释道。

"我也希望他成为毕加索，但我觉得他也需要慢慢适应。我们不能因为孩子看黑白色的图片好，就让他不停地看，这样做，对他的眼睛也没什么好处啊！所以我认为，应该分时间段地去培养孩子，不能一股脑儿地全都抛给他。"聪聪爸爸说出了自己的看法。

"但是，你不也是整天拿着画在孩子眼前晃来晃去吗？为什么我让孩子多看一会儿图片就成了坏事？"聪聪妈妈不服气地说道。

"那是因为我之前都是分时段给孩子看图片的，现在房间里都贴满了画，孩子的眼睛怎么受得了啊？老婆，我知道你是为孩子好，但是我们不能操之过急。我猜，你们俱乐部的妈妈没有一个像你这样买回那么多视觉卡片的吧？"聪聪爸爸一看聪聪妈妈要生气，赶紧细声细语地解释道。

"那倒没有，可能是我太着急了吧！我也希望聪聪能得到最好的培养，到时候能成为一个像你一样优秀的人呀！你说的对，我不能操之过急，这样的结果会适得其反。我现在就回去，把那些黑白画摘下来，以后偶尔给聪聪看上一两幅。每天让他看上一会儿，他应该会很高兴吧！"聪聪妈妈开始反思，并寻找更好的方案。

"真没想到，孩子竟然教会了我们大人去思考和自省。"聪聪爸爸突然想起了自己的事情说道，"哎呀，画室的门我还没锁，我的画还没画完呢！我先回去了，晚上回来再陪孩子玩！"

聪聪妈妈抱着可爱的聪聪，望着聪聪爸爸的背影自言自语："总以为，按照我们的想法，你这个小家伙就能茁壮成长。看来并不是这样啊，我们还要学习很多的育儿知识才能照顾好你呀，谁让你是咱家的宝贝儿呢？"

## Parenting
## 育儿一点通

在日常生活中，有些父母总是自作主张，按自己的方法来培养孩子，他们自以为方法正确，毫无漏洞，但实践下来，效果并不好。培养孩子就像病人需要吃药一样，对症下药才有疗效。如果家长没有"对症下药"，那么结果就会适得其反。

动物专家指出：雌性蝴蝶往往会把卵产在树枝和树干交接的地方，这个地方既安全又隐蔽。幼虫出壳之后，会对光线非常敏感，光线吸引着它，使它朝着树梢最亮的地方爬去，而在那里有着嫩嫩的叶子，可以作为食物供它生存。这属于动物的"视觉敏感期"。

我们人类也是一样的。刚生下来的婴儿会本能地寻找光亮，几个月大的孩子对光亮也有追逐心理，在这寻找和追逐的过程中，视觉起着无比重要的作用。

实验证明，人类在进化过程中的某个阶段，大脑里的神经元需要跟适宜的外部环境发生联系，否则，大脑的发育就会受到不良因素的影响。

曾经有一个单眼失明的孩子来医院就诊，医院的专家经过反复检查，发现他的眼睛没有任何受伤的痕迹。但为什么看不见呢？原来是因为他在特别小的时候经常处在比较黑暗的环境当中，眼睛的瞳孔长久放大得不到适当的收缩，最终导致他单眼失明。

事实上，处在这一阶段的孩子，更喜欢明暗相间、黑白交替的图画或背景，他更容易被明暗对比强烈的事物所吸引。但是在这一阶段，由于他的视觉发育并不完善，所以色彩鲜艳的事物对视力的发展并没有太大的帮助。

如果家中正巧有一个处在"视觉敏感期"的孩子，我们要尽量给他布置一个黑白的世界。但是作为父母，我们千万要学会变通。因为孩子的成长非常快，他的视觉能力也在慢慢地得到提高，他对身边事物的辨识度也会提高。所以，父母也要根据孩子的变化来改变周围的环境。

处在这一阶段的孩子，如果对镜子、光盘之类的事物感兴趣，父母千万不要以为他是在"臭美"，实际上，他是在关注反射的光线。我们不妨多为他准备一些黑白双色的玩具和卡片。比如：黑白双色的扑克牌，黑白相间的国际象棋，黑白双色的靶心图案，等等。相信他一定会非常感兴趣！

但是反过来说，如果我们过分地要求孩子接受过于频繁的训练，就会让孩子产生厌烦心理。

# 2 "听觉敏感期"：
## 耳朵能听到的，都是最美好的声音

听觉是孩子从外界获取信息时不可缺少的重要感官。它与视觉、触觉、味觉等紧密配合，为孩子的大脑——人体的"司令部"提供外界的信息。可以说，关注孩子的"听觉敏感期"，对培养孩子的听觉能力、语言能力等都起着至关重要的作用。

孩子又在竖起耳朵听大家讲话啦！大家注意到了吗？每当大人们在聊天的时候，孩子并不是没有参与的，他正专注地听着大人们讲话呢！

孩子天生就有听觉，只不过他在不同的发育阶段会产生不同的"听声反应"。刚出生的孩子，听力很弱，只会对50～60分贝的声音产生反应。随后，他会经历习惯声音的存在、辨别不同的声音、主动寻找声音的来源、模仿不同的声音等阶段。

由于孩子的听觉发育是十分细微的，所以父母最容易忽略的就是孩子的"听觉敏感期"。但是，如果父母在这一阶段有意识地刺激孩子的听力，那么孩子的听觉系统就会得到快速发展。

对孩子来说，耳朵能听到的都是最美好的声音。如果有条件的话，家长一定要为孩子准备充足的"声音大餐"。

## 好安静的一家人

王伟和张欣都喜欢安静，夫妻二人都是在事业单位工作的，工作比较清闲。他们最喜欢的事情就是躲在书房里看书。家里的书柜摆满了图书，这让王伟很骄傲。但是，一旦有朋友去他们家做客，朋友就会觉得不大习惯，因为王伟家里实在太安静了。今年，王伟家来了一个新成员，这种持续安静的状况得到了改变。

王伟的老婆张欣今年生了个儿子，王伟给儿子取名"洋洋"。转眼间，洋洋就三个月大了，王伟和张欣都感到特别幸福。然而，有一件事也让他们特别苦恼——洋洋不哭不闹，也不出声。这样的状况让王伟产生了一种不好的预感。于是，他跟张欣说："老婆，你看洋洋，整天不哭不闹，也不出声，不会是个傻子吧？"张欣一听，立刻皱起了眉头，骂道："你别胡说八道，我生的儿子怎么会是傻子呢？再说了，你怎么能这么咒自己的儿子呢？"

王伟想想也是，自己怎么能怀疑起儿子呢？可王伟越琢磨越不对劲儿："如果不是傻子，那么洋洋为什么对周围的事物没有回应呢？"他把这个疑问与张欣一说，张欣也觉得有些纳闷。虽然他们不愿承认自己的孩子有病，但为了以防万一，他们还是抱着洋洋去了儿童医院做检查。

检查的结果显示，儿子的听力特别弱——比一般的孩子要弱很多。这个结果让王伟和张欣大吃一惊！

听力太弱也是毛病？夫妻二人也是第一次听到这样的事情。他们现在知道了，儿子因为听力弱，所以对周围的事物没有太大的反应。那么，怎么才能让儿子的听力跟上呢？

医生建议，洋洋正处于"听力敏感期"，父母一定要让孩子多听不同的声音，这样才能训练孩子的声音识别能力。

王伟和张欣对视了一眼，心知肚明：这一定是家里太过安静的环境限制了儿子的听力发展。王伟连忙问医生："医生，我家孩子现在听力这么弱，还有可能恢复到正常水平吗？"

医生推了推眼镜，把笔夹在本子上，对他们说道："这种现象很普遍，你们也不要着急。现在这个社会，有些年轻夫妇都是高学历，比较有素质，不吵不闹的。大家聊天说话都是轻声细语的，在家里，哪怕掉一根针都能听得见。你们说，这样的孩子能具备对声音的分辨能力吗？"王伟连忙点头。

医生继续说道："孩子现在正处于'听力敏感期'，所以训练孩子的听力是没有问题的，只要你们愿意努力就行。"

王伟和张欣急切地说道："我们一定努力！"

"在孩子特别有精神的时候，你们要抓住这个时间，给孩子听各种物体发出的声音，比如杯子、摇铃、小鼓等物品发出的声音，以此来吸引孩子的注意力，让孩子寻着声音来找你们。但是，声音千万不要太大，也不要离孩子的耳朵太近，否则会伤到孩子的耳膜。同时，你们也不要让所有的声音一起发出，要换着声响给他听，中间间隔一段时间，给他足够的休息时间。你们能做到吗？"

"一定能做到！"王伟和张欣异口同声地答道。

医生又嘱咐王伟夫妇："在孩子安静的时候，你们也可以给孩子讲故事，让他多接触一些熟悉的声音。"

王伟夫妇回到家，决心改掉之前的习惯，好好照顾孩子。谁知，刚一到家，王伟一不小心把茶几上的杯子碰倒了，洋洋马上睁大眼睛，四处寻找，似乎对刚才的声音很感兴趣。夫妻俩这才发现孩子对声音很敏感，只不过在平时，大家都忽略了这些细小的事情。

## Parenting 育儿一点通

正如医生所说，小孩子的听觉能力非常重要。听力低下不仅表现为他对声音的分辨力不强，而且会影响大脑接收信息的能力。父母在培养孩子听力的时候，要注意声音的高低、大小、强弱、音色、声源等方面的问题。如果条件允许，在孩子稍微大一点儿的时候，父母要多给孩子讲故事，这样一方面可增强孩子的听力能力，另一方面也可帮助孩子学习，提高他的理解能力。父母要让孩子在生活中多接触各种声音，要让他尝试着用声音传达自己的意图。

在孩子再大一点儿时，父母就可以训练孩子的"听觉记忆能力"了。"听觉记忆能力"说起来比较难懂，但其实就是靠听觉来接收各种信息，并将信息储存到大脑里的能力。

很多父母都有这样的经历，自己曾三番五次地对孩子说："都告诉你多少遍了，怎么还没记住啊！你难道没长耳朵吗？"此时他们发现，孩子正用一种茫然的眼神看着自己。其时他并不是真的没长耳朵，而是根本没办法记住父母所讲的事情。这种情况就是"听觉记忆能力"的体现。

人们发现，通过训练孩子的"听觉记忆能力"，可以提高孩子的听觉敏感度，加深记忆，还能帮助孩子对新老知识进行融合。所以父母要经常选择一些孩子感兴趣的但又不是特别难懂的语句来讲给孩子听，以便引导他认真听讲。孩子听过之后，父母要引导孩子复述出来，从而达到提高"听觉记忆能力"的效果。

## 有个性的孩子

半岁多的飞飞生活在一个美满的家庭中，是一个非常幸福的孩子。但是，这个小家伙脾气可不小——他还没学会什么本事就先发起脾气来了。

这是怎么回事儿呢？原来飞飞醒着的时候，总是又吵又闹的。刚开始，飞飞妈还以为飞飞的饭量太大了，没吃饱。可是，飞飞妈几次给他喂奶，他都不领情，还会发脾气。

孩子一哭闹，飞飞妈就跟着着急。可又没有什么好办法，飞飞妈实在没辙了，只好又给飞飞喂奶，但飞飞的小嘴一噘，就是不喝。

飞飞妈心想："总不能让孩子一直哭吧，我哄哄孩子睡觉吧。"她一边哼唱着比较轻柔的歌，一边慢慢地拍打着孩子。谁知，这个方法竟然奏效了。飞飞停止了哭闹，飞飞妈总算舒了一口气。她抱着飞飞在客厅里转来转去，唱了儿歌又唱童谣。飞飞这下高兴坏了，两只大眼睛紧紧地盯着妈妈的嘴巴。

不过，飞飞似乎不太喜欢听流行歌曲。当飞飞妈唱儿歌的时候，他就手舞足蹈；当妈妈唱流行歌曲的时候，飞飞的笑容就停止了，小眉一皱，好像对流行音乐并不"感冒"。

一会儿，飞飞妈唱累了，就把飞飞抱到床边，想让他也休息一下。可是，当飞飞妈把他抱上床的时候，他又不高兴了，嘴里发出哼哼的声音以示不满。飞飞妈又赶紧把他抱起来，逗逗他，哼起了儿歌。这下，飞飞妈总算搞明白了，原来飞飞喜欢听儿歌啊！

这时，刚好飞飞爸下班回家了。他听到自己的妻子正在唱儿歌，就很奇怪地问道："你怎么突然想起给飞飞唱儿歌来了？"

飞飞妈赶紧把飞飞抱过来，说道："你瞧，这小家伙喜欢听我唱儿歌呢！你帮我抱一会儿吧，我给你热饭去。"飞飞妈说着，就把孩子递给了飞飞爸。

飞飞爸疑惑地接过飞飞，对飞飞妈说："小家伙还会听歌了？那我也唱一个——'两只老虎，两只老虎，跑得快，跑得快，一只没有眼睛，一只没有尾巴，真奇怪，真奇怪！'"

谁知，飞飞特别不给面子，不但不喜欢听，反而哭闹起来。这下，正投入地唱着歌的飞飞爸慌了神。这孩子怎么又不爱听了呢？

飞飞妈在厨房一边做饭一边大声喊道："你换一首其他的歌曲，他可能不爱听这个。"可是，飞飞爸一连换了好几首歌曲，飞飞还是不高兴。他一直处在烦闷的状态中，直到妈妈回到了他的身边。

飞飞妈来到孩子的身边，轻快地唱道："两只老虎，两只老虎，跑得快，跑得快，一只没有眼睛，一只没有尾巴，真奇怪，真奇怪！"飞飞又咯咯地笑了。

飞飞爸却郁闷了，他说："为什么你唱这歌他就乐，我唱这歌他就哭呢？我唱得有那么难听吗？"

飞飞妈说："可能是因为他跟我比较熟悉，习惯了我的声音了吧，我也不是特别清楚。"

"谁知道呢，咱家孩子可真挑剔，这么小就有自己的主见啊！小宝贝啊，你喜欢不喜欢铃铛的声音呢？"飞飞爸顺手拿过来一个小铃铛，在飞飞的面前晃了晃。说来也奇怪，飞飞听到这个声音之后，不仅不哭不闹，而且睁着大眼睛，看着这个铃铛，好像是在思考："这声音是从这里面传出来的吗？"

飞飞爸一看飞飞不闹了，又在飞飞面前晃了晃。这下可不得了，把飞飞给迷住了。他使劲把头抬起来，好像是要聚精会神地听一样，非常专注。但是，当爸爸停止摇晃铃铛的时候，飞飞就着急得不得了，好像自己想要站起来，去找那个声音。妈妈在一旁唱歌也不奏效了，飞飞一门心思地找这个铃铛。无奈，爸爸只好给怀里的小宝贝摇铃铛，飞飞这才高兴了起来。不一会儿，随着悦耳的铃声，飞飞渐渐进入了梦乡。

飞飞爸松了一口气，轻手轻脚地把飞飞放到床上。看着自己的孩子，夫妻俩感到无比幸福。孩子这么有灵性，还真是值得高兴呢！

从此以后，只要飞飞一哭闹，飞飞爸和飞飞妈就掏出铃铛摇来摇去。每当飞飞听到铃铛响，他就高兴得不得了。有时候，飞飞听到手机铃声、电视机里面的声音也会突然兴奋起来。

飞飞的奶奶说："飞飞可真是一个有个性的孩子，这么小就对声音这么挑剔，长大了还了得？"

其实，孩子刚出生的时候，听觉能力就已经存在了。只不过，因为听觉系统发育不完善，他对外界的声音还不能完全习惯。当孩子稍微大一些的时候，也就是出生几个月以后，他的听力发育就已经非常好了。这个时候，孩子就进入了"听觉敏感期"。

处在这个阶段的孩子会对悦耳的声音产生强烈的兴趣。尤其是那些比较爱哭爱闹的孩子，声音其实是最有效的"武器"。只要放出悦耳的音乐，或者发出其他响动，孩子都会马上被吸引住。

刚出生的孩子，视觉器官和听觉器官还不能对外界做出一致的反应。如果父母能抓住这个机会，对孩子的听觉器官和视觉器官同时刺激，那就再好不过了。

在训练宝贝听觉和视觉能力的时候，父母要学会利用各种可以发出声音的玩具。当然，也可以买一些音乐盒、拨浪鼓以及其他可以出响声的玩具，它们对孩子的视觉和听觉发育都有很大的帮助。但是父母一定要注意，声音强度太大的玩具尽量不要给孩子玩，以免引发孩子的恐慌情绪。

# 3 "口腔敏感期"：
## 世间万物都要先入口品尝

孩子自一出生开始，虽然首先进入的是"视觉敏感期"，但是浑身上下运用最娴熟的器官却是"口"。孩子不仅要熟练地运用口腔功能填饱肚子，同时也要用口来探索周围的世界，从而开启感知世界的"机关"。"口腔敏感期"是孩子智力发展的信号，家长切不可掉以轻心。

不管是谁看到孩子在啃咬某样东西，都会亲昵地说一句："小馋猫，真可爱！"可是，孩子真的是因为馋了才吃东西的吗？当然不是。他们面对没有任何滋味的手、衣服、玩具等东西都吃得津津有味，难道他们对没有滋味的东西也会馋？

其实，他们并不是馋了或饿了才去啃东西，而是想通过嘴巴来了解这个世界，想通过嘴巴来"品尝"所有能接触到的事物。

许多父母都对孩子的敏感期不以为意。其实，处于敏感期的孩子得不到满足，会对他未来的行为方式产生直接的影响。就拿孩子的"口腔敏感期"来说，如果孩子得不到满足，他以后可能会出现咬人的行为。他会无意识地啃咬身边的人或身边的物品，以此来满足他的"口腔敏感期"。所以，父母一定要在"口腔敏感期"让孩子好好发挥口腔的作用。

可是，孩子进入了"口腔敏感期"，仿佛要把整个世界都吞到他那小小的肚子里。他可以随手抓起任何东西，并且都要放在嘴里，那岂不是在吃一顿细菌大餐？这就是父母第一个难懂的事情：父母每次把孩子正在吸吮的玩具拿走，孩子就会拼命地大哭大闹；如果父母把玩具还给他，他立刻就会安静下来。

"口腔敏感期"到了，为了保证孩子的安全，父母一定要把孩子身边的所有细小的东西尽可能地清理干净，以便让孩子尽情地享受、体会口腔所带来的欢乐。这个阶段对孩子的口腔、味觉、牙齿的健康成长有十分重要的意义。

## ❧ 有洁癖的梅梅妈

梅梅妈和亮亮妈是好闺蜜，两个人在同一年结婚，在同一时期怀孕，又在同一个月生了孩子。大家都说她们两个真是太有缘了。梅梅妈和亮亮妈在生孩子之前就约好：如果两个人生的孩子是异性，就让他们在一起；如果孩子是同性，就让他们做好闺蜜或好兄弟。这样，她们俩的缘分就能续存下去了。

眼下，梅梅和亮亮都已经半岁多了，可谁也没提这件事。原来梅梅妈有洁癖，不喜欢脏兮兮的环境。她每天都把梅梅照顾得很好，干干净净的。作为闺蜜，亮亮妈很清楚梅梅妈的洁癖，所以她最近不敢再提让两个孩子在一起玩的事情了。

原来这几天，亮亮妈发现亮亮越来越爱动，他总是用小手抓啊抓，把能抓到的东西都放进嘴里，并津津有味地品尝着。有时候，亮亮妈就把儿子嘴里的东西拿出来，但儿子总是哭闹，就像真的抢了他的美味一样；有时候，亮亮妈会把奶瓶放在儿子的手上，但儿子抓住新鲜的东西还是会往嘴里放。他的嘴就像一个检验器，什么东西都要经过嘴的检验才能确认。

亮亮妈倒不是怕亮亮贪吃，而是担心亮亮不知道干净。这些东西不管是掉到地上的，还是床上的，无论是什么，只要亮亮能抓到，就会被他塞进嘴里。因此，亮亮妈认为，有洁癖的梅梅妈一定会嫌弃自己的孩子的！亮亮妈越这么想，心里就越不是滋味儿，她不知道自己的孩子为什么会变成这样。

有一天，梅梅妈来亮亮家做客，亮亮妈为了不让梅梅妈看到这一切，还特意把儿子身边的东西都拿走了。可过了一会儿，梅梅妈还是发现了亮亮这个毛病——亮亮竟然把枕头抓过来咬。

梅梅妈带着一脸嫌弃的表情问亮亮妈："你家亮亮怎么这么脏，还咬枕头啊？那枕头上有很多细菌的！他这么小，怎么什么都往嘴里放啊？真是太恶心了！"

亮亮妈也觉得尴尬，但听到梅梅妈这么说自己的儿子时，也有些生气，说道："我家孩子怎么了？不就是咬了枕头吗？就你干净行了吧？"梅梅妈什么都好，就是她的洁癖让人受不了。她受不了别人，别人也受不了她。

梅梅妈生气了，她夺门而出，离开了亮亮家。她一连好几天也没有联系亮亮妈。虽然亮亮妈知道她有洁癖，但她那样说自己的孩子，也让亮亮妈心里觉得很不舒服，因此亮亮妈也就没有理会梅梅妈。

可是，一个星期之后，梅梅妈竟然主动找上门了。亮亮妈通过防盗门上的猫眼看到梅梅妈拎了很多东西来，于是她赶紧开了门。

梅梅妈一进门，就把买来的东西往地上一放，然后热情地对亮亮妈说："最近怎么样啊？怎么不给我打电话啊？"看她的表现，好像上次的事情没发生过一样。这下，亮亮妈愣了，心想："她的葫芦里到底卖的什么药啊？"

梅梅妈一看亮亮妈不出声，就把买来的东西拿了出来，继续说道："上次的事情，是我错怪你和亮亮了！这几天，我家梅梅也开始到处吃，到处咬了！"

亮亮妈一听，来了精神，心想："你这么爱干净，你自己的孩子不也一样到处啃，到处咬？"

梅梅妈把一桶清洁剂放到桌上，继续对亮亮妈说："我咨询过医生了，这是孩子的'口腔敏感期'，就是孩子会用嘴巴来体验这个世界上所有的细小事物。这是每个孩子长大成人的必经之路，大人不能过度干涉。我当时着急死了，梅梅也到处找东西塞嘴里，很脏的！但医生说，如果不让孩子自由体验的话，会影响到她的未来。我就忍着，把所有她能触及到的东西都清洗了。这样她吃起来，我就放心了！这是我给你买的清洁剂，有擦桌子用的，有擦地板用的，有洗衣服用的，好多种类呢！你勤快点，每天多洗洗，孩子就能既健康又干净地成长了！"

"原来你还想着我啊，我还以为你上次走了再也不理我了呢！"亮亮妈笑着说道。

"怎么会呢？咱们是这么多年的好姐妹，你又不是不了解我！

再说了，我们不是说好了，以后要让孩子们在一起，你不会反悔吧？"梅梅妈解释道。

"我倒不反悔，就怕你到时候又嫌我家亮亮脏，不愿意让我家亮亮跟你家梅梅在一起玩！"亮亮妈打趣道。

"不会的，我现在也意识到自己这个毛病了，其实没必要对所有的事情都大惊小怪。为了孩子，我打算改一改自己身上的臭毛病了！"梅梅妈认真地说道。

"真的吗？那真是太好了！"亮亮妈以为自己听错了。

"当然是真的！我什么时候骗过你啊？"梅梅一本正经地说道。

## Parenting 育儿一点通

在生活中，不是每个家长都有洁癖，但对"孩子爱把不干净的东西塞进嘴里"却深有体会。其实，"口腔敏感期"是孩子非常重要的阶段，这可能是孩子们第一次用触觉真实地感受这个外在的世界。尽管孩子在刚出生不久就会看到这个世界，但他的视线还是非常模糊的，所以他并不能真切地感受这个世界。孩子刚出生，父母就会给他喂奶，他的口腔首先会接受刺激，也就是说，口腔成了他与这个世界第一个连接的纽带。

孩子会用嘴巴来做些什么呢？尝试了解未知的事物。当他把不同的东西塞入嘴里的时候，他会渐渐地认识到，有些东西是软的有些是硬的，有些东西是有滋味的有些是没滋味的。对一个幼儿来说，这是他认识世界的最直接的方法。

孩子的"口腔敏感期"并不短，从几个月开始到三四岁的孩子都可能处在"口腔敏感期"。有些孩子在咀嚼食物的时候，会像老人一样，牙齿没有一点儿力气。这是因为在两岁以前，孩子的牙齿没有得到很好的锻炼，他们的口腔接触到的食物大部分都是细软的，所以没有很好地锻炼咀嚼功能。因此，在孩子长牙的时候，父母要尽可能地满足他们对食物的要求，给他们提供一些稍硬的食物。这样，他们就会自动练习咀嚼行为，牙齿就会变得更加坚固。

## 会咬人的徐子豪

徐子豪的妈妈是一家服装公司的主管，平时没有太多的时间照看孩子。所以，两岁多的徐子豪就被送到了附近的托儿所。

平时，徐子豪非常听话，在父母和老师眼里，他都是一个乖巧、懂事的孩子，而且他的语言表达能力非常强，这与爸爸妈妈的教育是分不开的。但是最近，托儿所的老师却在这个小家伙身上发现了一些奇怪的现象。

在某一天的下午，美术老师在教小朋友们画画，徐子豪也在其中。刚开始，小朋友们都拿着画笔在纸上涂颜色，但是没过一会儿，徐子豪就把彩色铅笔放进嘴里，把彩色铅笔末端的木屑都咬了出来。美术老师赶紧制止了他，并且严厉地对他说："徐子豪，你不许咬铅笔，赶紧放下！"

徐子豪带着一脸尴尬的表情，赶紧将嘴里的铅笔拿了出来，并将手往衣服上擦了擦。他不知道该做什么，只能傻傻地看着其他的小朋友画画。因为老师制止了他咬铅笔的行为，百无聊赖的他又偷偷地把手塞进了嘴巴。

过了一会儿，他趁老师不注意，又把铅笔放在嘴里咬来咬去。美术老师又注意到他，急忙走了过去，询问他画画的情况，并拿开了他塞进嘴里的铅笔，转移了他的注意力。

第二天下午，校园里出现了一桩怪事。平时表现乖巧的徐子豪却跟同桌小鹏发生了冲突。他还咬了一口小鹏的胳膊。小鹏哭着去找老师，老师这才知道，徐子豪在班上还咬过其他的小朋友。

坐在第一排的娟娟说："上次我们一起玩滑梯，徐子豪站在我边上，也咬了我的胳膊，但是不疼，我就没告诉老师。"就连托儿所里面比较厉害的诚诚也说："他也想咬我，不过我反应快，躲开了。"

托儿所的老师赶紧联系了徐子豪的妈妈。徐子豪的妈妈一向比较严厉，也十分看重对徐子豪的教育。可是，当妈妈质问徐子豪这是怎么回事的时候，徐子豪虽然知道自己咬别人是不对的，但是他语无伦次地解释了半天，也没说出个所以然。

妈妈为了给托儿所一个合理的解释，继续质问徐子豪。徐子豪被问急了，从开始的尴尬到满脸的歉意，再到后来就成了恐惧，最后，他根本听不进大人们给他讲的话。最终，徐子豪在大人面前大声地哭了起来了，嘴里嚷嚷着："我不知道，就是不知道！"

徐子豪的妈妈非常生气，但也问不出什么来，就向托儿所的小朋友和老师道了歉。在回家的路上，徐子豪独自玩了起来，好像完全忘记了刚才发生的事情。但是，当妈妈问"你为什么要咬小朋友"的时候，他又闷闷不乐了，不过他看到妈妈脸上的怒气，只好实话实说："妈妈，我是真的不知道为什么要咬他们。我就是觉得我的牙很厉害，能咬所有的东西。我看到想咬的东西，就想张开嘴巴咬。妈妈，我是不是个坏孩子?"

徐子豪睁着水灵灵的大眼睛，他那单纯而害怕的样子让妈妈心疼起来。她觉得，自己的孩子不可能会故意伤害小朋友的。她把徐子豪抱起来，对徐子豪说："你当然不是坏孩子，你是妈妈最好的宝贝。但是，咬人是不对的，就算你想要咬别人，也一定要控制住自己。妈妈会找出问题在哪儿，然后帮你一起改变，你说好不好?"徐子豪乖巧地点了点头。

回到家里，妈妈就给她的朋友打了电话，把徐子豪咬人的事情说了一遍。朋友一听，便明白这是怎么回事了。她耐心地安慰徐子豪的妈妈："你不用着急，按照你刚才说的情况，孩子应该是进入了'口腔敏感期'。他新长出来的牙齿带给了他新鲜的感觉，他渴望通过自己的牙齿去感受这个世界。孩子无意识地用嘴巴去接触别人是没有错的，这跟故意伤害别人不同。这个阶段一般在两岁之前就会到来，可能你家孩子的这一敏感期稍微迟缓了一些。"徐子豪的妈妈这才知道，儿子的"口腔敏感期"来迟了。

**Parenting**
**育儿一点通**

如果孩子正在经历"口腔敏感期"，那么家长一定要引起注意，因为在"口腔敏感期"得不到满足的孩子，可能会在以后抢别人的食物，随便拿别人的东西，还会突然咬人。这些坏习惯会一直伴随着孩子，从而对他们造成一些困扰。

这个阶段的孩子会主动地选择喜欢的东西咬，比如他们不再喜欢柔软的东西，而是喜欢稍微坚硬或有嚼劲儿的东西，比如橡皮、木制铅笔、塑料玩具等。这时，家长要多关注他们，当孩子找东西咬时，家长要尽量提供给他们可以咬的或可以啃的东西。

# 4 "手的敏感期"：
## 双手触碰到的都是新奇的事物

　　自从孩子知道自己的小手有很大的用处后，他就一发不可收拾，开始了用手探索世界的过程。当孩子的"触觉敏感期"到来时，他非常喜欢触碰物体。他见圆的就拧，见方的就按，见线就拽，见孔就插。他喜欢把东西打开，然后又关上，不厌其烦地反复进行相同的动作。在这个时期，为了向大人显示自己的力量，孩子经常会破坏东西，以便引起大人对他的关注。

　　家长应该为孩子提供更大的空间，准许孩子用手去抓他认为自己喜欢的东西，准许孩子去捏他认为合适的东西。只要没有危险，孩子就可以尝试。

　　我们都拥有一双灵巧的双手，可以制作精美的手工艺品，可以烹饪美味的食物，可以建造雄伟的建筑物……双手带给我们的是实实在在的价值感。所以，当孩子的"手的敏感期"来临时，父母一定要特别注意，多加引导。

有时候，我们会惊叹宝贝的小手真灵活，顺手就可以抓一个苹果，甚至可以捡起地上细小的头发丝。只要孩子健健康康、顺顺利利地度过"手的敏感期"，那么他就一定会成为一个心灵手巧的小宝贝。对这一阶段的孩子而言，双手触碰到的都是新奇的事物，父母千万不要吝啬自己的耐心和细心。

## ➤ 小宇的初期探索

小宇是一个几个月大的孩子，长得十分好看，深受家人喜爱。妈妈为了能更好地照顾他，甚至辞去了不错的工作，在家里当起了全职妈妈。

小宇的一举一动都被妈妈注视着，无论是睡觉，还是玩耍，妈妈怎么看都喜欢，甚至有时忘了收拾屋子。

小宇妈妈发现，虽然小宇很小，他能自由控制的范围也很小，但他每天仍然非常努力，急切地想要触碰这个世界。他才几个月大，就开始不停地抓东西。

有一次，小宇趁妈妈不注意，把自己拉的便便抹在脸上、身上、床上，最后要将便便送到嘴里。不过，在这紧要关头，小宇妈妈一把抓住了他的小手，才阻止了这场"悲剧"发生。

后来，妈妈就发现了一件有意思的事情。

小宇有些笨拙，连把手放进嘴里这么简单的动作都做不好。有时候，他明明要把手里的东西放进嘴里，却戳到了自己的鼻子，而且他找不到嘴巴还会哭闹。但是，他仍然每天都重复着这个动作，试图把手里抓住的东西都放进嘴里。他一会儿把东西送到了耳朵边，一会儿又把东西送到了眼睛旁。妈妈看到了小宇的这些小动作，就会把他的玩具都换成柔软的、便于吞咽的食物，比如香蕉、饼干等。但是，小宇并不好好吃，而是先把这些食物捏碎，然后才往嘴里放。

小宇妈妈每天照顾孩子本来就很累了，小宇这么玩，更是给她增添了不少家务。于是，小宇妈妈就给小宇姥姥打了电话，表达了自己想找个人帮忙的想法。

小宇姥姥退休前是一名医院的医生，现在她退休在家，也闲着没事。她一口就答应了，希望能帮女儿照顾好孩子。

第二天，小宇妈妈正打算给孩子换衣服，家里门铃就响了，于是她急忙去开门。姥姥拿着大包小包，站在门口，一眼就看到了满身都是果酱的小外孙。她来不及进屋歇一歇，就赶紧帮着女儿把外孙的衣服换了下来。她们又是洗，又是涮，好一会儿才忙完。可是转眼一看，发现小家伙又在到处抓东西。

小宇姥姥坐在沙发上，说道："真难为你了！孩子的奶奶身体不好，孩子的爸爸又忙着挣钱养家，就你一个人带孩子，我早就应该过来的。"

小宇妈妈不好意思地说道："妈，是我给您添麻烦了，我成了家还要麻烦您！其实平时我一个人带孩子也没问题，但是小宇最近不太老实，老是抓来抓去，我都快忙不过来了。"

"孩子是到了'手的敏感期'了，他在通过手来感知这个世界呢！我们医院的儿童部老说这个事呢！你小时候不也是这样啊，忙得我团团转！"小宇姥姥说道。

"这是什么情况啊？怎么会这样呢？"小宇妈妈询问道。

"'手的敏感期'啊！刚开始，孩子会用手来感知身边的事物，往往喜欢捏一些软软的东西。他会感受自己摸到的每一件东西，从软的到硬的，从光滑的到粗糙的。孩子再大一点儿，就会用小手在孔里插来插去，把瓶盖扣来扣去。你小时候也是这样呢！你最喜欢玩咱家的暖壶盖、瓶盖……"小宇姥姥解释道。

"真的吗？我小时候也会这样吗？那可真是让您操心了，原来养个孩子这么辛苦呀！"不养儿不知父母心，小宇妈妈这才意识到这点。

"没事，以后老妈来帮你！别忘了，我可是医院儿童部退休的老医生呢！"小宇姥姥一边说着，一边帮着小宇妈妈看管起孩子来，还手把手地教小宇妈妈应该怎么做。

## Parenting 育儿一点通

"手的敏感期"到来后，孩子的成长会经历一个循序渐进的过程。刚开始，孩子会拿捏一些质地柔软的东西，随后他会寻找自己感兴趣的东西。处于"手的敏感期"的孩子，一般会经历以下三个阶段：

第一阶段，"一把抓"。孩子见到想要的东西，就会"一把抓"，这是因为他还没有学会如何熟练地运用自己的手指。

接着，他要进入第二个阶段——"三指抓"，即用三个手指一起抓一个物体。

然后，他会习惯"二指抓"，即用拇指和食指一起去抓更为细小的东西，比如头发、米粒等。

如果家长培养到位，这三个阶段就会迅速过去，孩子就能练就"二指抓"的本领。当然，父母一定要有耐心，要多给孩子提供可训练的条件。

人们都说，手是人类的智慧实现的工具，而童年的锻炼非常重要。很多人长大了，不会很好地使用手，对触摸带来的感受极其不敏感。这些都是因为他在"手的敏感期"没有得到很好的训练。

手的协调动作能锻炼大脑思维，是语言的另一种体现。如果孩子要表达自己的想法和意愿，能做到的除了语言，那就是手的动作。手是有记忆和认知功能的，如果一个孩子在"手的敏感期"完成了对手的"唤醒"练习，那么他的双手在将来能做更多的事情。

## 爱打人的芬芬

芬芬是一个两岁大的小朋友，她所在的小区也有很多小朋友。每到傍晚时分，公园里就会特别热闹，很多小朋友都会去那里玩。但是，没有一个小朋友愿意跟芬芬一起玩。

这个小区里面很多家长都在互传一件事情："芬芬太厉害了，总是喜欢打人！这么小的孩子不学好，见面不打招呼却喜欢打人。孩子们都要离芬芬远一点，以免她伤到自家的宝贝！"

这个传言已经有半个月了，这个小区里面的大人和孩子都知道芬芬爱打架，这可急坏了芬芬的父母。他们怎么也想不到，自己的孩子会变成这样一个爱打架的孩子。但是，谁说也没用，芬芬总是趁别人不注意，把小朋友们打哭。

其实，在这之前，很多小朋友都很喜欢跟芬芬玩，因为芬芬的脾气特别好。但是最近，芬芬却养成了动手打人的坏毛病。

很多家长都不知道，这是芬芬的"手的敏感期"到来了。

最开始，芬芬的父母也没有太注意芬芬的举动。有一次，芬芬爸正坐在沙发上看电视，随手拿起一个苹果就吃起来，芬芬顺势就把快要送到爸爸嘴里的苹果打翻了。芬芬爸还以为她是在闹小脾气呢，就把她抱过来一起看电视。过了一会儿，她就在爸爸的怀里和爸爸一起吃苹果。没想到，他们吃着苹果，芬芬就使劲地打了爸爸一下。

芬芬爸假装嗔怒地说："不许打爸爸！"

也许是芬芬爸的表情比较夸张，或是芬芬觉得打人很好玩，她竟然咯咯地笑了起来，然后又照着刚才的地方使劲地打了一下。这次，芬芬爸的表情比刚才更加严肃。他又说了一句："不许打爸爸，听到没有？"谁知，芬芬根本不听，又接二连三地打了好几下。她一打，爸爸就往后躲，然后她就哈哈大笑。最后，还是奶奶从屋子里跑出来哄她出去看小动物，才平息了这场"战争"。从这以后，芬芬或许是知道了打人很好玩，尤其是打爸爸，所以她每次见到爸爸，都会打爸爸。芬芬爸觉得，芬芬的这种行为是自己娇惯孩子所造成的，倒也不是什么大问题，以后教育一下就好了。

可是，事情没有这么简单。有一天傍晚，芬芬和奶奶在楼下散步，正巧遇到小刚，于是芬芬就来了个自以为很不错的打招呼方式——打了小刚的头。这一下，她把小刚的好心情都打没了，小刚坐在地上哇哇地大哭起来。芬芬愣在那里，也不知道自己做错了什么。

从这以后，小刚每次见到芬芬都撇着嘴说："爱打人的坏蛋！"然后，芬芬肯定要把他打哭才肯离开。于是，原本特别要好的两个小朋友就变成了"敌人"。而芬芬打小刚的事情，也在小区里面传开了。很多孩子都不愿意跟芬芬玩，每次见到芬芬都冲她做鬼脸，说道："爱打人的坏蛋！"然后芬芬就非常生气地动手打了他们。最后，再也没有人愿意跟芬芬玩耍了。

因为这件事，芬芬的父母还特意去给小刚的父母道歉，希望小刚一家能原谅芬芬。可是，就算是小刚的父母原谅了芬芬，也不代表小刚不会讨厌芬芬，传言也不会马上消失。

有一天，芬芬妈问芬芬："芬芬，你告诉妈妈，你为什么要打人？"

"我也不知道为什么，就是想打人，忍不住。"芬芬说道。

"那你打人开心吗？"妈妈问道。

"一点儿也不开心，他们都不跟我玩了！"芬芬回答，情绪有些失落。

芬芬的妈妈突然意识到，这个问题不是认错这么简单，一定是什么地方出了状况。她仔细地回想，突然想起芬芬打爸爸的事件来。她觉得源头正是在这里。

于是，芬芬的爸爸、妈妈、爷爷、奶奶为此事开了一个严肃的会议。芬芬妈表示：芬芬之所以养成动手打人的坏习惯，一定是在初期她打人的时候尝到了甜头，也就是在芬芬打爸爸这件事上，爸爸的表现是极其不合格的，竟然时不时地还配合芬芬！而且，爷爷、奶奶在照顾芬芬的时候，也出现过不合理的言语，比如："是谁惹你生气了？打他！""是不是这个板凳磕到你了？踢板凳！谁让它欺负芬芬？"这些言语都会直接影响芬芬的行为。另外，芬芬妈自己做的也不合格，没有注意到芬芬的这些行为，并及时制止。

这场会议之后，大家都反思了自己的行为。除此之外，聪明的芬芬妈找到了一些解决问题的方法，比如：谁也不能在家里面提任何骂人的词语；谁也不能当着芬芬的面运用武力解决问题；当芬芬采取暴力行为的时候，大人不要斥责她，不要打骂她，要尽可能地去用其他方式来吸引她的注意力，消解她的暴力行为。

第二天，大家都有了一些变化。芬芬好像也看出了这些变化，没有主动去打谁。到了傍晚，芬芬妈亲自带着芬芬去楼下散步，许多小朋友还是不愿意跟芬芬玩耍。有一个叫小新的小男孩见到她就大喊："可怕的芬芬来啦！大家快跑啊！"说着，他还一边跑一边回头看。

这时，芬芬马上就要追上去打人。妈妈赶紧对芬芬说："芬芬，快跟小新打招呼啊！你不是好孩子吗？咱们不做'可怕的芬芬'！"

芬芬怯怯地说："小新，你好！"

小新疑惑地看着芬芬，好像也不知道要说什么好，然后跑掉了。从那以后，小新再也没喊过"可怕的芬芬"，每次都默默地从她身边走过去。

芬芬好像也明白了，一旦有人说她的坏话，她只要友好地摇摇手就可以解决问题。大家好像也不是那么怕她啊！

小孩子之间并没有什么太深的矛盾。因为芬芬变得友好，很多小朋友又开始尝试着接触她。芬芬慢慢地把打人的坏习惯改掉了，还养成了动手制作手工的好习惯。这都是芬芬一家人共同努力的结果。

原来，芬芬的爷爷和奶奶也担心孩子的成长会受到影响，专门给芬芬买了彩纸和橡皮泥之类的材料，教芬芬做一些简单的手工。

毫无疑问，芬芬的家人都非常合格，虽然在之前出现了一些小插曲，让芬芬差点成了人见人怕的小怪物。但是，在全家人的共同努力下，她又变回了可爱的芬芬。

## Parenting 育儿一点通

尽管芬芬的家人并不知道她正在经历"手的敏感期"，但不得不佩服芬芬妈妈的智慧。她分析了问题的本质，并找到了解决的方法，值得称赞。

在"手的敏感期"到来时，孩子会发现自己的双手可以做的事情很多，比如拿东西、洗衣服、穿裤子等。当然，孩子也会意识到自己的双手可以用来打人、抢东西等。所以，家长一定要以身作则，不给孩子做坏榜样。另外，家长给孩子准备一些可以运用双手的玩具、手工艺品之类的东西，这样不仅可以培养孩子的动手能力，转移孩子的注意力，还能保证孩子的智力发展。

# 5 "脚的敏感期"：
行走的力量带给生命无限的可能

> 孩子刚学走路的时候，几乎所有的父母都能体会到孩子对走路非常执着。很多东西，孩子都喜欢用脚去碰一碰。如果父母在这个阶段让孩子在屋子里自由发挥，他们就会看到，孩子会把所有东西都踩在脚下，如果这个东西正是他喜欢的，他能踩上半天呢！这是为什么呢？因为孩子的"脚的敏感期"到来了。

作为父母，你是否注意到，当孩子第一次用双脚触地时，他脸上的表情如何？你有没有觉察到，当孩子刚会走路时，他那兴奋的样子如何？你有没有发现，当孩子第一次跑起来时，他那激动的样子如何？

行走的力量，可以带给生命无限的可能。孩子进入"脚的敏感期"，一定是怀着兴奋而快乐的心情。所以，未来的道路，请让孩子陪伴你走下去吧！培养孩子"脚的敏感期"，意义非凡。

## 宁宁喜欢用脚

宁宁妈每天下午都会用儿童车推着宁宁一起到超市里买菜。这天下午，宁宁妈又像往常一样带着宁宁出了家门。刚出家门不久，宁宁就在儿童车里晃来晃去。宁宁妈赶紧把包里带着的小机器人玩具放进了儿童车里，她希望宁宁能在儿童车里安静地玩一会儿。可是，刚刚开始学走路的宁宁不仅在车里乱动，还有点儿要从小车里站起来的意思。宁宁妈想："等一会儿我们到超市里看见各种新鲜玩意儿，宁宁应该就会安静了吧。"

一路上，宁宁焦急地摆动着自己的小腿。到了超市里面，宁宁还不安静，试图从小车里爬出来。宁宁妈被他闹腾得头都大了，可她还是不知道儿子想要干什么。宁宁妈一气之下把宁宁抱了出来，这下宁宁乐了，在妈妈两只手的搀扶下，宁宁小心地向前走着，嘴里还不停地发出笑声。

这下宁宁妈明白了——他是想要自己走路啊！可眼下，宁宁妈要去买菜，没有时间逗他玩。于是，她就把宁宁又放回到儿童车内，希望宁宁能安静一下。当宁宁妈把孩子放回车内时，小机器人玩具正好掉在了宁宁的脚下。妈妈发现，宁宁这次真的不闹了，小家伙正用小脚丫胡乱地蹬小机器人玩具呢！宁宁妈忽然想起了书里写的"脚的敏感期"，宁宁现在应该到了这个时期，所以才喜欢用脚来触碰东西。

宁宁妈匆匆地买了几样蔬菜，就赶紧带着宁宁回家了。宁宁妈回家后并没有像往常那样精心地为宁宁爸做上几道好菜，而是简单地炒了两个青菜，甚至连碗筷都没有摆到桌子上。

她耐心地扶着宁宁在屋里走路，屋子里充满了宁宁的笑声。她还把家里的瓶瓶罐罐都排列在一起，让宁宁挨个踢。只要宁宁踢倒瓶子，瓶子倒下发出声音，他就会不停地笑，像个快乐的小天使。

晚上，宁宁爸下班回到家，发现今天的饭菜异常简单，竟然连碗筷都没摆上桌，便小心翼翼地问宁宁妈发生了什么事情。宁宁妈便把今天在超市发生的事情跟宁宁爸说了一遍，然后补充说道："赶紧吃饭吧，一会儿咱们带着宁宁下楼学走路去，你看他这双小脚丫，能走很远呢！你瞧他，多开心啊！"

## Parenting
## 育儿一点通

几乎所有的父母在孩子的"脚的敏感期"出现时都有这样深切的体会：孩子总是充满热情地走着，而父母却疲惫不堪地跟着。并不是他太有精力了，而是脚的敏感神经刺激着他，让他沉浸在欢乐之中无法自拔。

在这个特殊的敏感期里，许多父母适应不了。为了孩子的安全，他们会错误地去抱孩子，不让孩子用自己的脚去探索道路。孩子一旦遇到障碍物，父母总是一把抱过孩子，这种做法反而会让孩子错过"脚的敏感期"。所以，父母一定要学会配合孩子，引导孩子学走路。

作为父母，我们不要以为孩子会永远追随着自己的脚步，有时候我们也要努力适应孩子的脚步，要让孩子在"脚的敏感期"里充分得到发挥，以便提高孩子的运动智能。

## 调皮的东东让人累

东东八个月大的时候，就非常想站起来。只要他被别人抱着，就一定会使劲地蹬腿，直到把抱着自己的人踢痛了，他才甘心。那个时候，很多喜欢东东的人都非常诧异，小小年纪的他怎么会有这么大劲儿？

东东一岁大的时候，已经可以自己慢慢地走路了。而且，他每天可以走上好久，连一直照看他的妈妈都觉得太累了，可这小家伙依然兴致勃勃，充满活力，仿佛不知道累。

东东一岁半的时候，步子已经很稳妥了。有一次，妈妈带着东东去菜市场买菜，东东非要自己下来走。妈妈拗不过他，就把他放了下来，让他自己走。他发现一只可爱的小狗正趴在某摊主的旁边，于是他趁妈妈不注意，向那只小狗走去。东东对什么东西都很好奇，所以他看到这样可爱的小动物，更是喜欢得不得了。

他颤颤巍巍地走到小狗的身边，伸手要摸小狗。结果，小狗被他那突如其来的热情吓着了，迅速地站了起来冲着东东"汪汪"直叫。小狗的气势挺大，一下子就把东东吓哭了！

妈妈焦急地跑了过来，安慰东东："有没有被咬到啊？怎么没告诉妈妈你就乱跑呢？看妈妈买的菜，妈妈回去给你做好吃的。东东不哭了啊！"

东东这才停止了哭泣。

为了让东东更开心一些，妈妈主动提出要带东东去小区的公园里玩一会儿。东东听见"公园"两字，马上就兴奋起来。

到了公园，他竟然跑了起来。虽然还不是那么平稳，但看得出来，他确实可以跑了。他先是在儿童区的小阶梯上爬来爬去，然后又到滑梯上踩来踩去。对他来说，每次用脚完成的游戏都充满着无限乐趣。

东东确实感到非常快乐，但对妈妈而言，这才是最劳累的。她正紧张地看着孩子从这儿跑到那儿，生怕他摔倒甚至受伤。东东一点儿也不会感到疲倦，自己摔倒了也会赶紧爬起来，仿佛是个永动机。

东东玩了好长一段时间，于是妈妈带着东东回家去了。在家门口的楼梯前，东东不让妈妈抱，非要自己爬上去。刚开始，东东小心翼翼地把脚迈到第一个台阶上，双手扶着妈妈。接着，他使劲地将脚迈向第二个台阶。渐渐地，他爬得越来越快，一会儿就到了家门口。可是，东东根本就没有要进家门的意思，他又要返回去，扶着楼梯下楼，妈妈连忙扶着他。东东到了楼下，他又开始折回来，继续上楼。

当他再一次折回的时候，妈妈一把将他抱住，赶紧把他塞进了家里。东东非常不情愿，还要开门出去走楼梯。妈妈怎么劝都劝不住，最后，只好答应他等吃完饭后再去公园玩。

妈妈心想："不到两岁的孩子，怎么这么闹心？东东也太调皮了，我一个人根本看不过来。这可怎么办？"

## Parenting
## 育儿一点通

孩子一旦学会了走路，他的世界就会出现翻天覆地的变化，因为他的行为能力比以前更强，时刻都想着摆脱大人对他的约束。他会拒绝等待，拒绝被动地接受。他的行为会变得更加主动，比如，他遇到感兴趣的事情就会主动地走过去。他的活动范围也会迅速扩大，甚至会奔跑起来。

这个时候，孩子最想摆脱父母的帮助，渴望独立完成某件事情，或得到喜欢的东西。对他来说，这意味着未来的生活要由他自己掌控了。

"脚的敏感期"出现时，许多父母都会观察到孩子对走路、跑步、跳跃等动作拥有非常强烈的兴趣。他会不停地走动，挑战新鲜的事物。这个时候，父母千万不要认为孩子调皮、不听话。相反，他是在学习新的本领，以便更好地适应未来的生活。

"脚的敏感期"是孩子的"第二次诞生期"。从孩子刚出生开始，他就要经历抬头、坐起、爬行等过程。当孩子第一次尝试通过自己的努力迈出第一步时，他的身体就开始走向独立。这时候，周围的环境要给他足够的刺激，父母一定要鼓励他继续前行。因为这个时候的孩子，所有的目标就是"走下去"。孩子正在由一个不能自主的人，变成一个积极面对生活的人。而这个过程，需要父母的支持和鼓励，同时孩子也会依靠自己的努力来完成。

当然，孩子不会一直"调皮"下去，一旦他学会了走路、跑步等本领，他又会要求父母抱，不愿多走路了。

# 6 "语言敏感期"：
对话使他慢慢融入这个世界

一般来说，孩子的"语言敏感期"出现在一到两岁之间。这期间，孩子对语言特别敏感。细心的父母会发现，孩子喜欢模仿各种声音，重复别人的话，学着打电话，有时还会说出令人头疼的"诅咒语"和"脏话"。面对孩子在"语言敏感期"的种种表现，父母要正确地引导孩子，给孩子练习说话的机会。父母对孩子进行阅读训练，和孩子一起做游戏，可以达到事半功倍的效果，能为孩子以后的语言学习打下良好的基础。

人们要描述一件事情或表达某个观点的时候，首先运用的工具便是语言。可以说，语言是人们相互沟通的最简便的工具。当孩子也想试图描述清楚一件事情或表达自己的需求的时候，他也会运用语言。刚开始的时候，孩子会用"嗯""啊""哼"之类的声音来表达自己的情绪和意愿。孩子长大一点儿，就会用简单的词汇或句子来表达自己内心的需求，比如"好""不""不行""不要"等。

等孩子再大一点儿，孩子会经历"语言敏感期"。这是个神奇的时刻，因为父母会惊奇地发现，孩子竟然有这么多奇怪的想法，或者有不同寻常的观点。由此可见，"语言敏感期"太重要了。

## ➢ 开口与世界对话

当明明喊出第一声"妈妈"的时候，李丽激动得差点哭出来。自己怀胎十月，历尽苦痛生下来的孩子，终于会叫"妈妈"了。

她把这个消息告诉丈夫王强，王强既高兴又嫉妒，说道："孩子怎么不先叫'爸爸'呢？从小就这么偏心……他什么时候能叫我一声'爸爸'啊？"

李丽骄傲地对王强说："哼，还不是因为我整天照顾咱们家孩子，你整天在外面，哪里顾得过来？他当然和我最好了！"说着，她又冲着孩子说："来，宝宝，叫妈妈。"

孩子很认真地望着妈妈并说出了"妈妈"这两个字。虽然孩子的发音并不准确，还把"妈妈"险些念成"闷闷"，但王强已经羡慕得不得了了。他把孩子举过头顶，对孩子喊道："快叫'爸爸'，'爸爸'，'爸爸'……"这次，孩子不但没有顺利地叫出来，还差点被他的举动吓哭。王强心里有些不甘，心想："我一定要让他尽早地喊我'爸爸'！"

第二天一大早，王强就跑到孩子的身边，对孩子说道："今天是周末，我专门来教你叫'爸爸'。来，跟我学，叫'爸爸'。"

李丽洗漱完赶紧跑过来对王强说道："你可真够勤快的，一大早就开始教孩子学说话了！今天反正也是周末，不如你来带孩子吧！"

"真的吗？太好了！我要带着宝贝学说中国话！宝贝，来，快叫'爸爸'。"王强一板一眼地教孩子，可孩子直瞪着两只大眼睛，似乎不知道爸爸在说什么。

一上午就这样过去了，可孩子除了"妈妈"还是什么都不会说。李丽安慰王强，说道："你也别太心急了，我觉得孩子学习说话需要一个过程，他这么小，我们总不能把所有的话都教给他，他也记不住啊！不如你多跟他聊聊天，先套套近乎，也许关系好了，他就叫你了呢！"

王强听了李丽说的话，在下午陪孩子的时候，就改变了策略。王强不再强迫孩子学语言，而是跟孩子一起玩起了游戏。

"你拍一，我拍一，一个小孩坐飞机……"王强的语气十分搞笑，逗得孩子直笑。孩子也跟爸爸熟起来了，老是要跟爸爸玩。

王强一会儿扮演大牛，哞哞叫，一会儿又扮演小绵羊，咩咩叫。孩子特别高兴，一直笑个不停。然后，他对孩子说："你看爸爸是不是万能的？想变成什么就变成什么！一会儿爸爸再给你变个小猪怎么样？"

孩子开心地笑着，嘴里蹦出模糊的声音："爸爸……"

"你叫爸爸了？你竟然真的会叫爸爸了！"王强激动得不知道该做些什么。他赶紧把李丽喊了过来，告诉她这个好消息。

但是，当王强再让孩子叫"爸爸"的时候，孩子又不叫了。李丽说："你就别着急啦，孩子学说话也要有一个过程。他不是刚才叫你了吗？还不熟练呢，慢慢就好啦！"

"好吧，我的儿子会叫我'爸爸'了……他都会说话了！"王强激动得眼泪都快掉下来了。

不到两个月的时间，孩子不仅能熟练地叫"爸爸"和"妈妈"，连"奶奶""爷爷"都会叫了，而且还会说一些简单的词语，比如"吃饭""喝水""尿尿"等。虽然孩子的发音还不是很准确，但他已经可以与家人对话了。

## Parenting 育儿一点通

孩子的语言学习阶段是大人最关注的阶段。相比较其他的"敏感期"，"语言敏感期"这个词大家并不陌生。父母要与孩子多交流，多沟通，多讲故事，多做游戏。孩子学习语言的能力往往很强，一般几个月就能学会很多语言，还能与大人进行简单的交流和沟通。

当孩子嘴里发出第一个音之后，就会接二连三地发出很多其他的音。刚开始的时候，孩子并不知道自己发的那些音是什么意思，他只是在胡乱地出声。直到有一天，他讲出一个词语并得到大家的肯定，他才明白，语言的力量原来那么强大。

孩子开始通过自己的语言来表达自己的思想，并通过语言来召唤他人。他会发现，语言是非常神奇的，能与其他人进行沟通。所以，作为父母，我们一定要抓住孩子的"语言敏感期"，不要在他想要表达的时候打断他，也不要在他讲错话的时候斥责他。父母要让孩子学会表达需求，并给予他肯定和鼓励。孩子多练习几遍，语言自然就熟练了。

其次，父母一定要多与孩子进行交流，用一些简单的词句跟孩子聊天。重复多遍，他就能记住了。另外，不管孩子说得对还是错，发音准不准，父母偶尔也可以模仿他说话，这样他会更乐意开口。当他说话的时候，父母要多讲一些赞美的话语，他听了会很高兴的，说话的愿望就会更强烈。

## ❧ 喜欢说脏话的小姑娘

雨欣两岁多了，她的语言表达能力比一般同龄的孩子都要强。不过最近，雨欣喜欢说脏话了。"屁""什么玩意儿""笨蛋""滚"……这些词语总是挂在她的嘴边。雨欣跟爷爷奶奶讲话，也会使用这些词语。

雨欣很早就学会说话了，这方面她似乎比同龄的孩子表现得更突出。雨欣一岁多的时候，就能够说出流利的句子。很多人都非常喜欢跟雨欣聊天，不仅是因为她说话非常流利，还因为她对每件事情都有自己的看法，而这些看法往往惹得大家哄堂大笑。雨欣倒也不介意，每次都很乐意跟大家聊天，也愿意发表自己的看法。

不过，不知道从哪天开始，雨欣开始讲脏话了。那天，雨欣的叔叔来家里玩，看到雨欣在客厅玩玩具，就逗她："雨欣，你在做什么呢？"

"玩积木，你没看见吗？笨！"雨欣头也没抬，张口就回答了叔叔的问题。

叔叔也不恼，接着继续问："你要搭什么呀？能不能让叔叔也玩一会儿？"

"滚蛋，我都快忙不过来啦！"雨欣用流利的语言回答了叔叔的问题。

坐在沙发上的叔叔愣是没反应过来。叔叔心想："这小家伙，竟然还会说脏话。"叔叔看了看雨欣的父母，三个人面面相觑，显然，雨欣的父母也不知道雨欣会说这样的话。

雨欣妈妈赶紧教育雨欣，说道："雨欣，你不可以这么没有礼貌，不要说脏话好不好？"

"狗屁！"雨欣毫不客气地吐出"狗屁"这两个字。

果然，雨欣妈妈被雨欣的回答吓了一跳。她蹲下来，抱着雨欣，问道："雨欣，你告诉妈妈，是谁教你说这些话的？"

"哪些话啊？"雨欣疑惑地问。

"就是一些'笨蛋''狗屁''滚蛋'之类的话，这样的话是谁教你的？"雨欣妈妈解释道。

"我看电视上，大人们都这么说话，而且，以前爸爸的同事来家里玩的时候，也会说这样的话。爸爸偶尔也会说。"雨欣告诉妈妈。

"听妈妈说，这样的话都是不好的话，以后不要讲了好不好？"雨欣妈妈教育她。

"为什么？为什么爸爸可以讲，电视里面可以讲，我就不能讲？"雨欣质疑道。

"因为这些话都是不好的话，说出来会伤害别人的。如果你说了这样的话，就会伤害到别人。难道你想伤害别人吗？"雨欣妈妈进一步解释道。

"不想。"雨欣回答。

"那你以后不要再说这样的话了，好吗？不然以后没人愿意跟你玩了，大家都不会喜欢你了。那你是不是会很不开心？"雨欣妈妈继续教育她。

雨欣点了点头，对妈妈说："妈妈，以后我不说了。"

雨欣妈妈最后对她说道："那我们去跟叔叔道歉好不好，你对叔叔说'叔叔，对不起，我不该说脏话'，去吧！"

雨欣向叔叔道了歉，叔叔马上就原谅她了。雨欣这才知道自己的脏话会给别人带来伤害。可她还有一个小小的疑问，于是她小心翼翼地问道："妈妈，如果脏话可以伤害别人的话，那我是不是可以对我讨厌的人讲？这样我就可以用脏话来攻击他了！"

妈妈摸了摸她的头说："好孩子从来都不会说脏话的，在喜欢的人面前要多说好听的话，在不喜欢的人面前，要多讲道理，而不是用脏话来解决问题。"

雨欣反问道："可是，说脏话可以让他知道我讨厌他，难道这样不好吗？"

雨欣妈妈回答道："乖宝贝，你讨厌他，是不是永远都讨厌他呢？你说的是不是昨天小明和你抢玩具的事情？"

雨欣点了点头。

妈妈继续说："那你会一直讨厌小明吗？如果小明一会儿把玩具给你送来，你们还是不是好朋友？"

"如果他把玩具给我送回来，我们就是好朋友。"雨欣肯定地回答。

妈妈进一步解释道："那你是不是就不讨厌他了？但是因为你讨厌他的时候，对他说了脏话，把他给伤害了，他还会跟你一起玩吗？"

雨欣说："那他还会跟我玩吗？他会原谅我吗？我是不是不该对他说脏话？我昨天对他说'你给我滚'了，这算不算脏话？"

妈妈抱起雨欣说道："你下次见到他的时候，先跟他道歉，好吗？你不要再跟别人说脏话了，好吗？"

"妈妈，我知道了。我下次还想跟小明一起玩呢！我不会再说脏话了。"雨欣恍然大悟，似乎明白了这个道理。

## Parenting 育儿一点通

　　孩子在一开始，显然是分不清什么是脏话，什么是好话的。所以，作为父母，我们一定要注意自己的言行举止，不要给孩子做不好的榜样。如果孩子接触不到脏话，那么他自然不会对别人说脏话。

　　孩子说脏话，属于无心之过，大人也不要放在心上。他只是在通过脏话来体会语言带来的刺激。如果孩子已经学会说脏话，父母千万不要斥责他，不要用激烈的语言和愤怒的情绪来改变他。这种方法只会让他越来越喜欢说脏话。最好的方式就是，帮助他清除想说脏话的思想意识。父母可以多给他读一些可爱的小故事，通过故事来学习道理，让他忘掉脏话。

# 2~3岁：
# 展现独立的自我

# 1 "自我意识敏感期"：
## 占为己有的行为不一定都是自私

> 孩子有了自我意识，就会坚持自我，这表明他的个人意志正在形成。他在表明，"我"和"你"是有差别的。孩子慢慢发现自己和他人是分离的，于是他便有了自我意识。孩子将来会成为什么样的人，他的力量是否强大，其前提是自我意识是否强大。培养或强化孩子的自我意识，最好的时期就是"自我意识敏感期"。

当孩子有了自我意识，他才算是一个真正意义上的"社会人"。之前，孩子总是听爸爸妈妈的，但是有了自我意识之后，他会变得更有主意了——有了自己的选择和喜好。之前，孩子跟父母在一个房间睡觉，但是有了自我意识之后，他就可能想要有自己的房间，想要有自己的床，想自己单独睡。之前，他吃饭的时候总是让大人喂，但是有了自我意识之后，他就要求自己吃饭了。这一切都是"自我意识敏感期"的功劳。

这一敏感期的到来，意味着孩子已经成了一个小大人了。他有了自己的思想和意识，在某些问题上会有自己的看法，在某些事情上会有自己的判断。换句话说，如果"自我意识敏感期"到来，那就意味着孩子真的长大了！

## 林林不愿分享玩具

星期天，斌斌一家来林林家做客，弟弟斌斌欢快地跑到林林的房间，急着要看看好久未见的哥哥。妈妈见状便招呼他说："林林，弟弟来了，你陪弟弟玩一会儿！昨天我不是给你买了一个飞机模型吗？你正好跟弟弟一起玩。"

林林今年三岁了，是个聪明的小大人，他急忙站起身来，伸手把飞机从柜子上拿了下来。妈妈直夸林林乖，懂得分享，愿意跟弟弟玩。说完，她便起身去客厅招呼客人去了。

弟弟斌斌伸手刚要摸飞机模型，林林就一把将它抓起来，拿到了另外一边。斌斌又跑到另外一边继续摸，林林又拿了回去。这样翻来覆去几次，斌斌终于发怒了，吼道："你怎么不给我玩啊！"

林林也不甘示弱，回应道："这是我的，凭什么给你玩？"

弟弟立刻哭闹起来："我就要玩，就要玩！你给我，我就要玩！"他一边哭着，一边还要上前抢夺。林林试图挡住斌斌，却不小心把他推倒在地上。

"哇……哥哥打我，不给我玩飞机！"弟弟坐在地上不起来，还哭了起来。

听到声音的大人们都跑了过来看个究竟。

林林妈着急地问道："怎么回事？林林，你是不是欺负弟弟了?"她说完还不忘在林林的屁股上打了两下。其实，林林妈这样做完全是为了照顾自己的面子，担心自己在斌斌的父母面前下不来台，自己的孩子毕竟要大一些，还把斌斌弄哭了，显然不太好。

可是，不打不要紧，这一打把林林打哭了。林林心里非常郁闷，他想道："虽然我把弟弟推倒了，这是我不对，但弟弟凭什么要玩我的玩具呢？难道我自己的玩具不能由我自己说了算吗？妈妈为什么不问缘由一上来就打我？她这是在冤枉我。"他这样想着，哭声更大了。

这下倒好，两个小朋友都大声地哭了，搞得大人们更尴尬了。林林妈赶紧苦笑着说道："孩子还小，不懂事，回头我肯定好好教育他，让他好好照顾弟弟!"

斌斌妈也赶忙赔礼，说道："嫂子，看您说的，是斌斌不听话，他在家就一个人玩，什么玩具都是他的，习惯了。这毛病都是我们惯出来的。他太霸道了，什么都想玩……我们先带孩子回家，反正离得近，改天我们再来看您和大哥吧!"

林林妈点了点头说道："也好，你们回去好好哄哄孩子啊。"接着，她对斌斌说："你也是个小男子汉，可别再哭鼻子了!"说着，她还用手摸了摸斌斌的头。

林林妈送走了斌斌一家，扭头发现林林也不哭了。他闷闷不乐地坐在凳子上，玩弄着自己的小飞机。妈妈悄悄地拿了一瓶林林最爱喝的酸奶走了过来，并将酸奶递给林林，然后说道："林林，刚才怎么回事？我不是让你跟斌斌一起玩的吗？你怎么把斌斌弄哭了?"

林林看了一眼酸奶，也不接着，依然噘着嘴不说话。林林妈一看，换了一种语气说道："林林，是不是有什么事情要告诉妈妈？"

林林这才说道："我的飞机模型为什么要给弟弟玩？明明是我的，我想给谁玩就给谁玩，不想给谁玩就不给谁玩！而且，你为什么一上来就打我？你还没问我，就说我不懂事。我以后再也不理你了！"

林林妈这才恍然大悟："原来是自己不明白儿子的想法，是自己犯了错误呀！"她开始后悔自己刚才的举动。当着那么多人的面斥责了儿子，这确实是自己的不对。

于是，林林妈轻轻地拍着林林的后背说道："宝贝，是妈妈错了。妈妈不应该不分青红皂白，上来就指责你，还打了你。是妈妈错了，对不起，宝贝！"

林林妈接着说道："不过，妈妈也要批评一下你，虽然飞机是你的，但弟弟比你小，你应该有一个当哥哥的样子，要让着弟弟。他想玩你就给他玩一会儿呗，又不会玩坏了！"

"是他要抢我的飞机。这是我的飞机，我想给谁玩就给谁玩。"林林说道。

"林林，你不能太自私！你要懂得分享，懂得礼让，这才是好孩子呢！"林林妈解释道。

林林还是不愿意接受妈妈的意见，噘着小嘴说："反正这是我的，不想给别人玩！"说完，他就把飞机模型放回到书柜里。

林林妈随意指责林林"自私"，又一次触犯了林林的底线。林林不理妈妈，甚至还把妈妈赶出了自己的房间。好长时间，妈妈也没见林林出来，她偷偷地透过门缝看了看儿子，发现林林正在组装自己的飞机。他玩得正高兴呢！

林林妈见儿子玩得正欢，也没什么事情，便到厨房里去做饭了。不一会儿，林林拿着飞机模型走到妈妈身边，说道："我的飞机模型和玩具可以给别人玩，但必须经过我的同意才行。"

妈妈一边洗菜一边说道："行！我的儿子长大了，有自己的空间和权利了！"林林这才笑着跑开了，就好像之前不愉快的事情没有发生过一样。

## Parenting
## 育儿一点通

其实，这是林林"自我意识敏感期"到了，他在构建自己的"自我意识"。他会在心里打小算盘："这个是我的，那个也是我的，这些是爸爸的，那些是妈妈的。"他有强烈的愿望去掌控自己的东西，没经过他的允许，谁也不能动他的东西。孩子这样做并不是自私的表现，而是在运用"当家做主"的权利。

所以，在孩子"自我意识敏感期"到来的时候，父母一定不要强制孩子做任何他不愿意做的事情，不要随意拿走孩子的东西。因为对孩子来说，自我意识的培养关乎他的未来。如果孩子没有强烈的自我意识，他长大之后就可能不清楚如何保护自己的利益，不知道如何维护自己的合法权益。

父母要多跟孩子一起商量，给孩子足够的尊重和自由。例如，妈妈想用孩子的东西，可以这样询问一下孩子："我能用你的东西吗？"这样，孩子才会乐意给妈妈。

## 妈妈的担心

三岁的方华是一个性格安静的小男孩，从小就特别乖巧，他也从来不跟别人争抢东西。为此家里人还担心，方华要是到了幼儿园，会不会被别的小朋友欺负？

幼儿园开学第一天，妈妈就好好地对方华嘱咐了一番。而且妈妈在送方华去幼儿园的时候，还不忘给老师带了一个小礼物，她唯恐方华在幼儿园里受到欺负，希望老师能够多多照顾一下。

可是，妈妈刚离开幼儿园就接到了老师的投诉电话——方华在幼儿园里跟其他的小朋友打架了。妈妈赶到幼儿园，刚进大门一个小朋友马上跑过来告状："阿姨，方华咬我了！"说完，他就把胳膊给方华的妈妈看。可不是么？红红的牙印还在胳膊上呢！

老师看到方华的妈妈，也走了过来，对她说道："我们幼儿园这么长时间也没见到一个刚进来就打架的孩子，您还说这小家伙老实，我看可不是这么回事！"

方华的妈妈赶紧询问，看看到底是怎么一回事儿。原来，今天嘉嘉和兴兴看到有新伙伴来上学，就非常高兴地跑过去，要跟方华一起玩游戏。因为都是男孩子，所以大家对小汽车玩具都十分感兴趣。方华正好带了好几辆全新的小汽车，就招呼他们两个一起玩。方华把自己的一辆小汽车给了兴兴，而嘉嘉虽然也想要一辆全新的小汽车，但无奈他自己也有一辆旧的小卡车。三个人约定，一起玩"汽车大战"比赛游戏。

"汽车大战"开始了。嘉嘉眼疾手快，用小卡车率先把方华的小汽车给撞翻了！方华看到小汽车被撞倒在地上，非常生气，大喊道："不要撞我的汽车，那是我的汽车！"说着，他紧张得眼泪都快流出来了。然而，嘉嘉和兴兴玩得正高兴呢，根本没有在意方华说了什么，他们继续在汽车的冲撞中寻找乐趣。不一会儿，嘉嘉又将兴兴的小汽车给撞翻了。这可把方华给急坏了，他气呼呼地走到嘉嘉身边，张开嘴就在嘉嘉的胳膊上咬了一大口。

嘉嘉突然被他咬了一口，吓了一跳，随即大声地哭了起来。老师也被哭声引来，大家都来指责方华。

方华的妈妈看着嘉嘉的胳膊，马上训斥方华："你看看，你把嘉嘉咬成这样！大家在一起玩不是挺高兴的吗？你怎么能伤害你的朋友呢？"听着妈妈的训斥，方华也不吭声。嘉嘉上前对方华的妈妈说："阿姨，您别骂他了。"

嘉嘉这么一说，方华妈妈更觉得对不起嘉嘉了。于是，她更加生气地对方华说："你看人家嘉嘉多好，都不怪你，他的爸爸妈妈要是看到他胳膊上的伤口，多么心疼呀！"

方华委屈地大声吼道："是他先把我的小汽车撞倒了，我喊他他也不听，他还撞！哇……我再也不上幼儿园，再也不上了！"

妈妈拽着方华的手，说道："人家又没把你的小汽车撞坏，不就是玩游戏嘛！快跟嘉嘉道个歉！"

方华更加大声哭了起来："就不，那是我的小汽车！我就不允许他撞我的小汽车！"

方华哭完了后，心情平静了许多。妈妈这才上前开导他说："'汽车大战'的规矩是你们自己定下的，现在你又不允许人家撞你的小汽车了，你还咬了人家，以后谁还愿意跟你玩啊？"

"那我该怎么办？"方华问道。

妈妈看方华有了悔改之意，从包里拿出来三个大苹果，说道："你现在有三个既好看又好吃的大苹果，你是愿意自己吃，还是愿意与大家一起分享呢？"

方华想了一下，说道："我要把苹果送给嘉嘉和兴兴。"

妈妈表扬道："这才是好孩子嘛！你们要相互分享，把自己的东西分给小伙伴们。不过，你必须向嘉嘉道歉，知道吗？"

方华点了点头，于是向嘉嘉道了歉，并把苹果送给了他们两个人。

## Parenting
## 育儿一点通

孩子有了"自我意识"，就会知道什么是自己的，什么不是自己的。此时，父母千万不要给孩子下结论，认为这是孩子自私的表现。孩子突然出现的特别"抠门"的行为，比如自己的玩具不给别人玩，不懂得分享，其实都是正常现象。父母不要责怪孩子，而要顺应孩子的心理，给孩子足够的尊重。父母能够把孩子当成家中平等的一员，遇事能与孩子一起商量。孩子就能感觉到父母对他的尊重和重视，慢慢就会懂得分享，并乐于助人。

# 2 "空间敏感期"：
## 淘气包上蹦下跳，十分精神

> 孩子一生下来，首先是用口和手来探索世界的。当他们会走路时，他们的活动空间就扩大了，他们会上蹦下跳，从高处向低处扔东西，用实际行动来感受这个立体的世界。
>
> 他们为什么会不停地往下面扔东西？他们为什么对下水道的洞洞特别感兴趣，不断地找东西往里面塞？他们为什么会重复上下楼梯？这一切的背后有个重要的概念，那就是"空间敏感期"。

把里面的东西掏出来，把外面的东西塞进去，这是孩子在某个阶段最喜欢的动作。孩子开始对事物的空间感兴趣，最早的表现就是把这个物体和那个物体分离开来。慢慢地，一岁多的孩子会发现，里面的东西可以取出来，外面的东西可以放进去。一旦意识到这一点，孩子就会非常频繁地重复这样的动作，乐此不疲。孩子两岁半以后，就会上蹦下跳，从高处向低处扔东西，对事物的空间更加敏感，开始进入"空间敏感期"。

## 小魔王瑶瑶的事迹

今年放暑假，瑶瑶的姑姑小珍从学校回到家，看到三岁大的小侄女瑶瑶，简直不敢相信自己的眼睛。小珍也就半年没见到瑶瑶，这孩子怎么就变成了一个"小魔王"了？

瑶瑶把玩具、衣服、食物等东西乱扔一地，还把厨房里的东西搬出来，摆了一地。她在家跑来跑去，满头大汗，一会儿爬到桌子上，一会儿站到椅子上，大人抱她下来她还不让，只有等她自己玩够了，她才肯下来。不过，父母还要小心地抓住她，那么高的地方实在是太危险了，怎么能让人放心呢？小珍问瑶瑶妈："瑶瑶跟变了个人似的，现在怎么如此'厉害'？"

瑶瑶妈无奈地说道："谁知道这孩子像谁？她现在这么闹腾，我和你哥都快被她折腾得散架了！"小珍就说："嫂子，反正我也放假了，要不我帮你们看一阵子？我在家也没事。正好，你和我哥也可以歇一歇！"

平时瑶瑶的爸爸妈妈都要上班，所以瑶瑶大部分时间都是在托儿所度过的。小珍正好放假在家，可以照顾瑶瑶两个月，所以瑶瑶妈高兴地同意了。

小珍回想，记得瑶瑶在一两岁的时候，她是一个温和可爱的小女孩，非常安静，一点儿也不像现在这个样子，把东西扔得哪儿都是，弄得家里乱七八糟的。小珍决定好好"收拾"一下这个"小魔王"。她决定挑起这个艰巨的任务——改造瑶瑶，她要把瑶瑶改造成一个"小淑女"。

第二天，小珍早早地起床了，也不顾自己旅途的劳累，就决定好好培养一下瑶瑶。

小珍给瑶瑶安排了课程——她把家人给瑶瑶买的各种启蒙图书都拿了出来，决定用上课的方式来好好教育瑶瑶。

开始，瑶瑶还很配合，可能是因为刚睡醒的缘故，性情显得有些温和。她按照姑姑的安排，先是看图识物，然后念儿歌，最后背古诗。一会儿，瑶瑶就念完了。老虎、狮子、大象等，瑶瑶念得有声有色。小珍心里想："不错嘛！她都认得。"小珍对她说："瑶瑶真棒，都认得！姑姑给瑶瑶发一朵大红花。"瑶瑶也高兴地说："这些我都学会了！"

"那咱们现在念儿歌好不好？姑姑念一句你跟着读一句，好不好？等妈妈回来，你再念给妈妈听，好不好？"瑶瑶高兴地答应说："好！"

可刚刚念了没两句，瑶瑶就不耐烦了。她的小手一会儿玩玩这个，一会儿玩玩那个。她一边念儿歌一边玩玩具。小珍赶紧把她手里的东西抢了过来，要求瑶瑶继续念儿歌。可是，瑶瑶只安静地坐了一小会儿，就站起来跑了。她一会儿去这个屋，一会儿去阳台那儿站着，一会儿又去看小鱼。无论小珍怎么哄，她就是不肯念儿歌。

小珍也头疼起来，看来这个活儿还真不好干啊！她心想："要不就依着瑶瑶吧！"到了阳台上，瑶瑶非得站到阳台的护栏上，小珍不许她去那么危险的地方，可是瑶瑶竟然哭闹起来。无奈，小珍只好把她抱到护栏上，前后左右护着她。瑶瑶高兴地在上面又蹦又跳，而小珍的神经却高度紧张。因为这里太危险了，所以小珍决定把瑶瑶抱下来。

但是，站在上面的瑶瑶怎么也不愿意下来了，小手牢牢地抓着栏杆——她就是不肯下来。这可急坏了小珍！忽然，小珍看到了桌子上的鱼缸，计上心来，于是对瑶瑶说道："瑶瑶，咱们去看小鱼好不好？你不是要看小鱼吗？小鱼饿了，你去喂小鱼，好吗？"听到这个提议，小瑶瑶有了兴致，拍了拍手，说道："我要去喂小鱼了！"小珍顺势把她抱了下来。

小珍擦了一把汗，可算把她抱下来了。瑶瑶到了鱼缸旁边，伸手就在鱼缸里大搅特搅，把鱼缸里的水和鱼搅得直转圈。

"瑶瑶，别搅！"小珍急忙说。

可是瑶瑶玩得不亦乐乎，小珍怎么拽都拽不走她。小鱼们可就遭殃了，有的被搅得晃晃悠悠的，有的直接被瑶瑶抓住了。这下，瑶瑶更高兴了！

这次小珍绝不手软，直接把瑶瑶从鱼缸旁边抱走。

"这孩子可真没法管！"小珍心里想，"只要这个'小祖宗'不上房揭瓦，她爱怎么玩就怎么玩吧，不把自己伤到就行了。"小珍正准备撒手不管瑶瑶的时候，瑶瑶又站到了小板凳上，对着小珍说："姑姑，你快看，我又长高了！"

小珍连忙冲她喊道："瑶瑶，你快下来！多危险啊，你要是摔下来了怎么办？"说着，她就跑过去要抱瑶瑶，可是，瑶瑶迅速地从凳子上跳了下来。虽然瑶瑶差点儿摔倒，但她仍然非常开心，高兴得拍手叫好。

好不容易盼到瑶瑶最爱看的动画片开始了，她才乖乖地坐在沙发上。小珍被她折腾得快散了架。看到瑶瑶专注地看电视，她悬着的心才算落了地。

只要瑶瑶在家，家里就像被洗劫过一样，满地狼藉。这是瑶瑶处于"空间敏感期"的行为表现，她正通过感受物体的空间移动过程来感知这个世界。随着她的认知能力增强，她会逐渐认识这个多维的世界。她在感受空间大小的同时，也在享受快乐。

**Parenting**
**育儿一点通**

其实，很多像瑶瑶一样处在"空间敏感期"的孩子，都会像猴子一样上蹿下跳，对自己生活的空间充满了好奇心。在这期间，孩子喜欢爬上爬下，喜欢把东西从高处扔下来，并且对爬窗台、上桌子、下楼梯、扶栏杆等动作有极高的兴趣。当然，在完成这些动作的过程中，他不仅身体得到了锻炼，而且探索水平也有了提高。

那么父母们就会疑惑："孩子上蹿下跳，会不会受伤？"有科学家做过一个"试崖实验"，即制作一个从视觉上看似处于低洼的平地，然后让孩子从这里爬过去。实验结果却是，几乎所有的孩子都不会从那里爬过去。这个实验证明，孩子具有一定的自我保护能力。他们会调整自己去适应新的环境。

孩子喜欢从高处向下跳，那是他试图通过自己的肢体反应来判断空间的大小。比如：这些物体究竟有多大？这里有多高？到那里有多远？等等。孩子对这些空间问题进行探索，从而为自己未来的发展打下良好的基础。

我们所在的空间是客观存在的，是可以通过意识感知的。孩子在不明白空间是什么的情况下，肯定会用自己的身体去探索，去感知。作为家长，我们千万不要在孩子感知空间的时候阻碍他，而要支持他，保护他。

父母应该克服过分恐惧的心理。当孩子站在板凳上的时候，父母不要在旁边唠叨，而要在身后默默地保护他。当孩子从高处向下蹦的时候，父母不要等到孩子的脚还没伸下来，就把他拖回去了。这样做只会对孩子构建自我保护意识造成干扰，从而影响他对空间的判断力。

孩子脱离母体，会缺乏一种安全感。所以，他要不断地探索，熟悉新的环境，以便拥有新的安全感。他们会通过各种方式来感知并探索未知的事物。在我们大人眼中，或许这些事情都非常细小，不值一提，但是对孩子而言，这就是他锻炼身体、训练思维的最佳方式。尽管他会十分吃力，但他不会放弃探索。作为家长，我们要跟随孩子一起探索。如果我们能够参与其中，和孩子一起做轻松愉快的亲子游戏，那么他对空间的认知会越来越全面。

## 晨晨度假

暑假快到了，晨晨的爸爸妈妈计划把晨晨送到乡下的爷爷奶奶家里生活一段时间。因为晨晨的爸爸妈妈都要上班，如果把他一个人放在家里肯定不合适，毕竟他才三岁。而且，晨晨是个捣蛋鬼，只要在家里，肯定要把家里弄个底朝天。

正好在晨晨放暑假之前，晨晨的爷爷就给晨晨爸爸打来了电话，要他把孙子带回老家。有爷爷奶奶看管晨晨，爸爸妈妈也确实更放心。

晨晨妈问晨晨："晨晨，想不想去爷爷家啊？"这小家伙一听，可来了精神，急忙说："愿意！我最愿意去爷爷奶奶家了。妈妈去吗？爸爸去吗？咱们什么时候走啊？"晨晨一连串的问题让晨晨妈妈不知所措。晨晨妈只好解释说："爸爸妈妈还要上班，这次就不去了。你到了之后要把自己在幼儿园学到的知识给爷爷奶奶背一遍，好吗？"晨晨点点头，继续说道："那我给爷爷奶奶背《三字经》吧！我可喜欢了！"

晨晨妈把行李收拾好了，并由晨晨爸带着晨晨坐上了去爷爷奶奶家的火车。他们坐了好几个小时的火车，最后终于到了爷爷奶奶家。

一进家门，晨晨的奶奶就赶紧拿出好吃的东西给晨晨。大家看着晨晨狼吞虎咽的样子，都开心地笑了。晨晨的奶奶对晨晨爸说："瞧，你把我孙子给馋的，肯定没给他吃过什么好东西！"晨晨爸乐呵呵地说："路上带着好多零食呢，他就是不吃，非要吃你给的零食。你瞧这孩子……"

晨晨吃完饭，就跟邻居小洋和毛毛玩了起来。晨晨爸对晨晨的爷爷和奶奶说："这孩子什么都好，就是太调皮了！你们可要多多管教，别由着他。"爷爷和奶奶看着可爱的孙子，根本不信晨晨爸说的话。这么可爱的小孙子，怎么会调皮捣蛋呢？

第二天下午，晨晨爸坐上火车回了北京。没有了爸爸妈妈的管束，晨晨就像离开笼子的小鸟，自由自在。他跟门口的小伙伴们一玩就是一整天，有时候还会去别人家里吃饭。爷爷感叹道："这小家伙以前挺老实的啊，怎么现在像脱缰的野马一样？这还没几天呢，邻居就找了两趟了！这孩子真是太……"

"大哥，您家的晨晨和隔壁的毛毛把我家东边的油菜花都弄坏了！"没等爷爷说完，村里的赵老汉就来告状了。他正说着，就看到晨晨和毛毛回来了。他们一蹦一跳地出现在院子里，晨晨头上还戴着用油菜花编织的花环。这不就是赵老汉家的油菜花吗？晨晨的爷爷赶紧把他抓过来，生气地说："老赵啊，对不起，这孩子刚来这里，不认识油菜花。"晨晨的爷爷说完又对晨晨和毛毛说："晨晨，你快给赵爷爷认错！你怎么把人家的油菜花弄坏了？毛毛，你也别看着，快给赵爷爷道歉！"

晨晨嘬着嘴说道："赵爷爷，对不起，我不知道那是油菜花，还以为那是野花呢！"赵爷爷一看晨晨奶声奶气的样子，也不好意思发火。晨晨的爷爷赶紧把家里的鸡蛋拿出来递给赵老汉，说道："老赵啊，我家晨晨爱惹事，让您吃了亏，这有一筐鸡蛋你拿去，算我给你赔个不是了！"

赵老汉摆了摆手，说："大哥，我不要你的赔偿，就这孩子……太皮了！"赵老汉说完就背着手走了。

晨晨的奶奶从屋子里出来，安慰了晨晨两句，带着他进屋了。

下午，晨晨的爷爷在打扫后院的时候，发现房子外边有很多树枝。他再一看，发现柴房的大门敞开着。原来，有几个小孩子正在里面搬柴呢。

又是这个晨晨！

晨晨的爷爷走过去，问晨晨："晨晨，你们这是在干什么呢？

弄得乱七八糟的！"晨晨可一点儿也没察觉出爷爷在生气，他一边忙着一边说道："爷爷，我们在玩飞镖呢！谁扔得远谁就赢啦！"

爷爷又问："你们把柴都扔到屋子外边了，那谁来打扫啊？"晨晨只好低下头，承认自己做错了事情。

又有一天，快到做饭的时候，晨晨的奶奶突然说道："哎呀，咱们家的冰箱怎么回事？冰箱里的东西都化了！"晨晨的爷爷跑过去一看，果然，冰箱不制冷了，里面还有水流出来。晨晨的爷爷左看看右看看，不知道哪里出了毛病。这冰箱才买了不到一年，不应该有问题的啊！结果，他检查了半天才发现，冰箱后面的插头不知被谁拔掉了。

晨晨奶奶这才想起来，说道："昨天晨晨非要缠着我玩捉迷藏游戏，肯定是这孩子钻到冰箱后面，不小心碰着了。"

又是这个晨晨！晨晨的爷爷现在一听到"晨晨"这两个字脑袋就疼！

晚上，晨晨的奶奶要给晨晨洗澡。她把晨晨的小睡衣放在凳子上，又去准备洗澡水。晨晨的奶奶一转身，就看见晨晨拿着他的睡衣，在屋子里来回跑，就像马戏团的小猴子一样。晨晨的奶奶赶忙从浴室出来找他，可她怎么也找不到了。她找了一圈又一圈，发现晨晨跑到厨房里了。奶奶喊道："晨晨，快来洗澡，要不水就凉了！你在那儿玩什么呢？"可是，无论奶奶怎么喊，这孩子就是不出来。奶奶走过去一看，发现这孩子居然把他的小睡衣泡在锅里了。晨晨说："奶奶，我要给睡衣消消毒。"奶奶看着晨晨，无奈极了。

晨晨真是一个不让人省心的孩子啊！

孩子探索外在世界的媒介最早是口和手。随着他们越长越大，他们就想真真切切地触摸这个立体的世界。孩子会对下水道的盖子、桌子上的抽屉、门上的锁、电视机的按钮等事物特别感兴趣。有时候，他们喜欢钻进衣橱，喜欢从高处往低处扔东西。他们在探索这里面到底有什么奥秘。孩子这一切行为的背后其实有个重要的概念，那就是"空间敏感期"。

处在"空间敏感期"的孩子总是会让家长头疼，因为他们就和小猴子一样上蹿下跳、爬高摸低，让家长的神经时时刻刻都紧绷着。大概只有在孩子睡着的时候，家长才能感觉到片刻的安宁。

但是，即使孩子非常顽皮，作为家长，我们也千万不要把愤怒的情绪转化成对孩子的打骂，因为这个阶段是每个孩子去探索未知的世界的"必经之路"。我们要允许孩子犯错，给孩子探索事物的机会。

# 3 "秩序敏感期"：
他认真起来还真厉害！

"秩序敏感期"是指孩子对秩序极端敏感的一个非常重要且神秘的时期。在这一时期，孩子对事物的秩序有强烈的需求，即获得秩序感。秩序感会帮助孩子进行初步的判断和因果逻辑的推演。在这一阶段的孩子只有获得良好的秩序感，之后才会顺利地形成对比、分类、排序等具体的思维形式，否则会为其将来的智力发展埋下隐患。因此，家长要特别重视这个"秩序敏感期"。

我们要知道，人的智力发展与他在敏感期打下的基础有关。如果家长能够很好地把握孩子的敏感期，对孩子进行教育，那么他的智力发展就会有一个良好的基础。在孩子的各种敏感期中，"秩序敏感期"是促进智力发展的重要时期。孩子通过与外界的沟通和交流，认识外界事物的发展规律，并建立起相应的秩序关系，而这种秩序关系可以促进他的逻辑思维能力的发展。

## 毛毛的怪脾气

毛毛今年三岁了。三岁的毛毛现在做什么事情都像个大人一样，既认真又有序，他的爸爸妈妈在感到高兴的同时还有些紧张，因为他做每件事都太认真了。

有一天，毛毛的爸爸妈妈都在家里休息，他们决定带着毛毛去游乐场玩。于是，一家人高高兴兴地手拉着手出了门。在去车站的路上，毛毛左手拉着妈妈，右手拽着爸爸，大步地向前走，别提有多高兴了！然而，当爸爸妈妈走得略快于他时，他会大声说："我应该走在最前面的！"

"毛毛，你不要走这么快，要走在爸爸妈妈的中间，让爸爸妈妈保护你，这样不好吗？"妈妈说道。

"不好，不好，就是不好，以前都是我走在前面的。"毛毛回答妈妈，没有一点儿商量的余地，然后使劲地拽着他们的手，让他们停下来，自己快步走到他们的前方。在他看来，这才是正常的走路秩序。

他们好不容易走到了车站，挤上了公交车，可问题又来了！因为车上人多拥挤，所以不能再像刚才那样手拉手了，妈妈便松开了毛毛的手，只让爸爸拉着毛毛。这时，有人给毛毛让了座位，于是爸爸把毛毛抱到了座位上并让他坐好，谁知毛毛刚坐下就拉住爸爸的手不放了，嘴里还说道："妈妈也要拉手，妈妈也要拉手。"

"车上人多，妈妈就不拉手了啊！让爸爸拉也是一样的，毛毛要乖！"妈妈哄着毛毛说道。

可是毛毛丝毫不听妈妈的话，非要像刚才在路上一样手拉手，弄得妈妈不得不挤过拥挤的人群拉着毛毛的手。就像刚才一样，他左手拉着妈妈，右手拉着爸爸，还非要按照这个顺序来。毛毛笑了，车上的人也都笑了。毛毛还是一个小孩子，可是爸爸妈妈却尴尬极了。

到了游乐场，大家在排队买票时，毛毛又"较真"起来了，非要站在爸爸妈妈的中间。妈妈要带他去旁边休息一下，可他就是不愿意去。他说："我们都要玩，都应该排队买票。"爸爸妈妈对毛毛的这些话也是无言以对，都不知道他从哪里学来的，也只能由着他。

第二天，到了毛毛做作业的时间，因为爸爸有事出门了，所以妈妈便在毛毛的身边陪着他做作业。幼儿园的老师布置的作业是折纸花，按照书上的提示，妈妈开始带着毛毛完成作业。可就在这时，毛毛又认真起来了。

原来书上要求，先把一张正方形的纸折成四个等份。妈妈马上就折完了，然后看毛毛折。毛毛因为年龄小，折得不是很整齐，他就一遍又一遍地折。只要没有折整齐，他就重新来过。不一会儿，一张纸就被他给揉得软软的，没办法继续使用了。妈妈要帮他，他还不让。只要妈妈的手一碰他的纸，他就会大叫道："别动我的纸，这是我折的！"

妈妈对他说："我就帮你折一下，好不好啊？你把我帮你折的拆开，你照着折就行。"

"不行，我要自己折。"毛毛认真地说道。妈妈看着毛毛认真的样子，也就妥协了。

一会儿，爸爸回来了，毛毛依然在不停地折纸，想让自己的作品变得更加完美。桌子上的纸都要用完了，不过，他的爸爸没有妈妈那么着急，因为他知道，毛毛的"秩序敏感期"到了。

"秩序敏感期"对孩子的成长是至关重要的。父母只有在"秩序敏感期"培养孩子的秩序感，才能为他今后的成长打下良好的基础。

"秩序敏感期"是指孩子对事物的运动秩序、均衡比例、对称性、节奏感等比较敏感的时期。在这一时期里，孩子对秩序的要求会很强烈。如果他认为的秩序遭到破坏，他就会出现不安和焦虑，会有激烈的反应，甚至会变得不可理喻。

对孩子而言，秩序感是非常重要的。只要自己的秩序感得到了满足，他们就会获得一种快乐，一种满足。他们会认为，自己可以让事物按照自己的秩序运行下去。

这种快乐和满足会让孩子获得稳定感和安全感。稳定感和安全感在生活中可以使孩子与周围的环境建立起良好的关系，为他们以后的健康成长打下良好的基础。

那么，父母如何帮孩子顺利地度过"秩序敏感期"呢？在孩子的"秩序敏感期"到来后，孩子或许会变得偏执、急躁，这就需要父母给予孩子充分的理解和关爱了。如果父母不了解孩子在"秩序敏感期"中的行为表现和心理需要，单纯地认为孩子在乱发脾气，要性子，一味地批评和教育孩子，就会破坏他们的秩序感，阻止他们的身心健康发展。

当孩子认为他们的秩序遭到了破坏，发脾气时，父母要充分理解孩子在这一特殊时期的心理变化，倾听他们的心声，并尽量满足他们的要求。父母尽量按照孩子的意愿来，以平息他们的不安情绪。

在日常生活中，父母要尽量让孩子生活在比较固定的地方，这样可以让他们拥有比较稳定的生活空间。他们的生活用品就会摆放在固定的位置，这样可以帮助他们建立秩序感。再者，这个时期的孩子会比较喜欢认真地做一件事情，那么作为父母，当孩子还在做着一件事的时候，我们不能要求他去做另外一件事，而应该让孩子按照自己的节奏来完成任务。

有序做事，可以帮助孩子养成有秩序感的生活习惯。在平时，父母还可以让孩子帮忙收拾家中的物品，千万不要因为怕孩子收拾不好或收拾慢就不让孩子帮忙。父母应该根据孩子的能力，多给他们一些时间、机会和鼓励。

总之，秩序感对孩子的成长意义重大，父母要通过"秩序敏感期"来培养孩子的秩序意识，要清楚孩子在这一时期的行为表现和心理变化。父母只有理解他，爱护他，才能帮助他健康成长。

## 什么事情都要按自己的意愿来做

晚上，三岁的哲哲看见爸爸回来后还没洗澡就睡觉了，他就十分认真地冲爸爸大喊："爸爸，你还没洗澡换睡衣呢，不许睡，快起来！"爸爸拗不过他，只好乖乖地去卫生间洗澡了。爸爸有些纳闷："现在这小孩儿都怎么了，还管起大人来了？"爸爸洗过澡换了睡衣，哲哲才满意地退回到了自己的房间。

每天早上，奶奶总是提前吃饭，然后再照顾哲哲。但是今天，哲哲有些不一样了。奶奶像往常一样问道："哲哲，你是喝豆浆，还是喝牛奶啊？"

　　"我要喝牛奶。"哲哲奶声奶气地说着。奶奶麻利地给哲哲倒了一杯牛奶，又拿出哲哲最爱吃的面包片和果酱放在桌上。然而，哲哲就是不吃。

　　奶奶催促哲哲："快吃吧，都给你拿来了！"

　　小家伙又抗议了："爸爸妈妈还没吃饭，我要跟爸爸妈妈一起吃！"原来，幼儿园的老师都会给小朋友们盛好饭，然后大家一起吃，所以哲哲也要求大家一起吃饭。奶奶拿他没有办法，只好依着他。等爸爸妈妈准备好，来到饭桌前，他就指挥道："好了，我们开始吃饭吧！"就这样，在哲哲的监督下，全家人一起吃了早饭。

　　妈妈吃过饭就赶紧拎起包换上鞋，准备出门。她把拖鞋脱到门口，换上高跟鞋就去上班了。随后，爸爸也出了门。哲哲吃完饭，拿着他的小警车在地上玩，小警车突然停到了紧挨门口的地方。他看见了地上扔着的拖鞋，七扭八歪地放着。

　　哲哲说："爸爸妈妈都没有把鞋子摆好，我要把它们摆到原来的位置上去。"奶奶闻声走过来，只见哲哲正在把鞋子整齐地摆在鞋架上。

　　邻居王奶奶来敲门，这两个老姐妹约好了去超市买东西。王奶奶就住在楼上，每天都会约哲哲的奶奶一起去买东西。

　　门铃一响，奶奶赶紧从厨房里跑出来开门，哲哲也从屋里出来，并大喊："奶奶，我来开门！"结果话还没说完，奶奶已经将门打开了。

哲哲站在那里不高兴地说："不行，我要重新开门！"不过，王奶奶已经站在门口了。

王奶奶很喜欢哲哲，她笑吟吟地说道："哎呀，哲哲好！你越来越俊了。"

奶奶赶紧跟哲哲说："快叫王奶奶好！"

哲哲极其不情愿地叫了一声。

奶奶问哲哲："你这是怎么了？怎么这么没有礼貌啊？"

哲哲瘪着小嘴说："我要去开门，结果你去开门了。以后我要来开门，因为以前都是我来开门的。"

奶奶赶紧答应了他，哲哲这才高兴起来。

晚上，爸爸妈妈回来了。哲哲高兴地说："今天是星期五，晚上我又可以跟爸爸妈妈一起睡觉了！"到了晚上睡觉的时候，哲哲洗完脸，刷完牙，爬到了爸爸妈妈的床上。过了一会儿，妈妈关了电视也准备睡觉。妈妈刚躺下，哲哲就大声说道："不是这样的，妈妈，你以前都是睡在这边的，不在那边！"

妈妈比较累，不想换地方了，就对哲哲说："这有什么关系？妈妈这不是在你身边吗？妈妈太累了，你别捣乱了，快睡觉！"

只见哲哲又是拽又是推，一副不依不饶的样子。眼看着妈妈就要冲哲哲发脾气了，爸爸正好走过来。他一把搂住哲哲说："哲哲，要不然你明天再陪妈妈睡，好吗？妈妈确实太累了，爸爸哄你睡好吗？"

哲哲回到自己的房间，嘴里还念念有词："我不喜欢妈妈了，再也不喜欢妈妈了！"

**Parenting**
育儿一点通

这个像"事妈"一样的哲哲，其实是处于"秩序敏感期"，这种现象比较普遍。家长都以为孩子是在无理取闹，特别苦恼。其实，孩子是在培养自己的秩序感，有时会反抗或抗议。一切事情孩子都要做到心中满意为止。所以，家长要尽可能地满足孩子的意愿。孩子对空间、时间、顺序等要素都非常认真。在这个敏感期里，孩子最容易养成良好的生活习惯。因此，父母要紧紧抓住这个敏感期，培养孩子的秩序感，进而培养孩子的良好习惯。

# 4 "关注敏感期"：
任何微小的事物，都逃不过他的眼睛

孩子认识这个世界，一定是从细小的事物开始的，此时整个世界在他们的眼中是微观的。在日常生活中，他们会投入大量的时间和精力，并采取各种各样的方法去认识周围的事物。他们在认识这个世界的过程中，通过自身积累的经验，不断地加强对事物的认知。孩子对细小事物格外关注的阶段，就是"关注敏感期"。

在孩子的世界里，对周围环境的探索是他们成长中必不可少的环节。孩子一出生，他们就开始关注周围的环境了，并开始产生好奇之心和喜爱之情。整个世界在他们的眼中都是充满生机的，对他们有着非常大的吸引力。于是，他们用自己的眼睛、耳朵、嘴巴、鼻子等器官来探寻事物。这是他们成长过程中必不可少的阶段。

世间万物的形成与发展都要遵循一定的规律，孩子认识事物也会遵循一定的规律。在孩子的眼里，整个世界就是一个微观的世界。因此，在探寻事物的规律时，他们首先会对细小的事物产生兴趣，比如一只蚂蚁、一块小石头、一片小树叶、一根头发等，这些细小的事物组成了孩子心中的那个丰富多彩的世界。

## 丁丁的大发现

妈妈带着三岁的丁丁来公园散步，但是丁丁刚到公园门口就不想往前走了，因为他的注意力全被路边的蚂蚁吸引住了。

原来，丁丁在路边发现了一群小蚂蚁，这些小蚂蚁正排着队把一只死了的小昆虫往它们的洞里搬。丁丁蹲在路边一动不动地看着小蚂蚁，样子非常认真。

妈妈见丁丁这么专注地观察蚂蚁，也就耐着性子陪着他。十分钟过去了，丁丁丝毫没有离开的意思。妈妈实在忍不住了就走过去拽起他，说道："丁丁，咱们走吧！天快黑了，咱们要回家吃饭了。"

可是丁丁就是不想走，他还想看"蚂蚁搬家"呢！于是，他甩了甩手臂，不理妈妈，继续看着这群蚂蚁。妈妈生气地对他说道："你不能再看了！你再看蚂蚁，蚂蚁就生气了。蚂蚁生气了就会躲进洞里不出来了。"丁丁听到妈妈说的这些话，心里有些不安了，他害怕蚂蚁真的躲进洞里不出来，于是只好跟着妈妈回家了。

回家后，丁丁总是抑制不住自己的好奇心，又开始观察阳台上的花花草草。他对着发财树的叶子看来看去，似乎里面有宝贝。妈妈想知道他到底在看什么，于是，她也蹲下来陪着他看叶子。谁知，丁丁把掉下来的叶子都摆在一起，并对妈妈说："妈妈，你看，它们其实长得不一样！"妈妈仔细一看，还别说，它们确实有些细微的区别。这片叶子上有三个鲜明的纹路，那片叶子上有歪曲的纹路……它们真的都不一样呢！

妈妈看到自己的孩子竟然能发现叶子上有这么细微的差别，心里特别高兴！于是她对丁丁说："丁丁，我们明天去植物园，好不好？那里有很多植物，各式各样的。"丁丁高兴地点了点头。

第二天正好是周末，妈妈陪着丁丁去参观植物园，希望能带给丁丁更多的乐趣。丁丁一进植物园，妈妈就指着各式各样的花草树木，像个导游似的讲解起来，丁丁好像在非常认真地听着。刚开始，大家都兴致勃勃，可是过了一会儿，妈妈就讲累了。不过，丁丁也没要求妈妈继续讲解，而是好奇地看着身边的事物。

当然，他关注的可不是植物园里各种各样的植物，而是路边的小野花。他拾起一朵蓝色的小野花，问妈妈："这是什么花？"妈妈一时没回答上来，他便跑了起来。没过一会儿，他就站在一片蓝色的小野花面前。

"妈妈，你看，这里才是小野花的家。它肯定是被别人给抓走了，迷了路，所以回不来。"丁丁指着这些生机勃勃的小野花说道。

"哎哟，我的小宝贝，你跑得可真快！你怎么知道小野花的家在这里呢？"妈妈追赶过来，赶紧问道。她非常奇怪，这里这么偏僻，而且小野花一点儿也不显眼，丁丁是怎么发现的呢？

"因为我们刚才路过这里，我看见这里有一片小野花，它们也是这个颜色的。"丁丁说道。

"我的好孩子，你真了不起！走，咱们去看看其他漂亮的花儿吧！"妈妈夸奖道。

　　孩子处于"关注敏感期"时，其实特别有趣。比如：他会在观察蚂蚁的时候，发现蚂蚁穴的秘密；他会在观察植物的时候，发现植物生长的秘密。

　　父母要摆正心态，不要因为孩子观察蚂蚁、叶子等细小的事物就觉得这丝毫没有意义，也不要认为他数小花瓣是在浪费时间。这种对细小事物的观察行为，将对孩子的心理发展以及观察能力的提升有很大的影响。

　　父母要多带孩子到大自然中，让他自己去观察外界的事物。对刚刚开始认识世界的孩子来说，大自然是他最好的老师。在孩子接触自然的时候，父母不要提前就给他设定目标，也不要有目的地引导他认识一些事物，这样反而会阻碍他获得体验大自然的乐趣。父母要明白，处于这一敏感期的孩子，只愿意去观察他自己感兴趣的事物，所以父母的"针对性教学"也要以孩子的兴趣为主。

## 小超拥有"火眼金睛"

　　小超对自己所接触到的事物有非常浓厚的兴趣。他经常走着走着便会停下来，蹲下去捡起小石头进行"研究"；他看见地上的小纸片，也会捡起来仔细瞧一瞧；他看见掉在地上的纽扣，还会捡起来观察一番。总之，他对细小的事物格外关注。

　　妈妈带着他到公园的小喷泉广场上玩，小超看着没有喷水的水管十分好奇，于是蹲在水管旁边"研究"。他还会仰头观察公园亭子顶上不断变换颜色的猫眼灯，一到灯变换颜色的时候，他就会兴奋地大叫。在家里，小超在玩玩具的时候，不是盯着玩具鸭子嘴巴上那两个小小的鼻孔，就是盯着洋娃娃身上的纽扣……总之，周围的一切事物对于他来说，都是那么新奇而又好玩。他的目光不时地被吸引到各处。

等到小超再大一点儿的时候，爸爸妈妈给他买了许多图画书。爸爸指着书上的图片，让小超一一去认。当他指到大公鸡的时候，小超会指着大公鸡的大红冠；当他指到小花朵的时候，小超会指着花朵边绿绿的叶子；当他指到兔子的时候，小超会指着兔子又短又小的尾巴……只要是小超见过的事物，他都会精准地发现它们的不同之处。

小超在离家很近的幼儿园里上学。妈妈第一次带他去幼儿园的时候，小超异常兴奋。幼儿园里有滑梯、跷跷板、旋转木马……小朋友们在里面欢快地追逐、打闹，一起玩游戏。小超看见滑梯也非常兴奋，于是朝着滑梯跑过去，但是到了半路，他又停了下来，走向了路边的小花坛。他蹲在太阳花下捡着东西，样子非常认真。妈妈走近一看才发现，小超在捡太阳花的种子。他好不容易才将一粒种子抓在手里，准备去捡下一粒，结果不但下一粒没捡到，而且手里的那一粒也掉在地上了。妈妈看小家伙急得鼻尖直冒汗，赶紧给他找了一个塑料袋来装小种子。小超有了塑料袋，终于能够安心地捡种子了。最后，小超把小种子交给了妈妈，才和其他小朋友一起去玩了。

有一天，幼儿园的老师要带小朋友们一起种植物，需要家长给小朋友们准备种子。妈妈给小超准备了黄豆，小超把黄豆装在袋子里，放在桌子上就出去玩了。第二天上学时，小超想把黄豆装进书包里，一不小心把黄豆弄洒了。小超和妈妈一起蹲在地上捡黄豆，妈妈捡了十几颗就不捡了，并告诉小超，这些黄豆足够用了。但是，小超并没有放弃。他找到了掉在桌子下、凳子下，甚至沙发下面的黄豆，然后带着黄豆心满意足地去上学了。

小超的父母经常带着小超到公园里玩，公园里有一个大草坪，那里是小超的乐园。他常常神情专注地蹲在草坪上看小虫子，无论小虫子躲到了哪里他都能找到它。除了小虫子，小超对出现在草坪上的其他事物也十分感兴趣。一张塑料纸或者一块小石子就能让小超玩上半天。

妈妈在淘米的时候，小超就在一旁，捡妈妈不小心撒在外面的米粒；妈妈在梳头发的时候，小超就会捡妈妈掉在地上的头发。有一次，妈妈在缝桌布时，许多线头都掉在了地上。小超赶紧捡起这些线头，一根也没有落下。

小超有一个"百宝箱"，专门用来收藏他捡到的这些宝贝。除了画笔、橡皮和塑料瓶，小超的"百宝箱"里还有纽扣、小石子等许多他捡来的东西。

小超敏锐的观察力还帮了大人不少忙。自从小超找到妈妈丢掉的口红、爸爸夹在沙发缝隙里的手机、奶奶遗落在角落里的老花镜、爷爷放在抽屉里的茶叶罐后，小超就成了大家公认的"物品搜救员"。大人们找不到东西的时候，就让小超启动"搜索模式"来找东西。

更有趣的是，有一天下午，妈妈回到家里，竟然发现小超在用自己的化妆品涂脸。小超的脸被他自己抹得乱七八糟，他看起来像一只花脸小猫。原来他经常看妈妈化妆，所以他学着妈妈的样子给自己化妆呢！

随着小超渐渐长大，他对细小事物的关注重心逐渐转移，开始对别的东西产生了兴趣，诸如玩具汽车、滑板车等。他对细小事物的关注度也就没有那么强烈了。

## Parenting 育儿一点通

处在"关注敏感期"的孩子，会把观察身边的细小事物当做自己的"工作"来做。所以，父母要尊重孩子的"职业"，不要随意打断他们的"工作"，更不要认为他们在观察细小事物就是在浪费时间。不仅如此，父母还应该为孩子们提供帮助和支持，比如：解答他们的问题，与他们一起观察小动物，等等。

孩子会在接触细小事物的过程当中得到满足，而那些被孩子收藏起来的东西都是他们的"宝贝"。因此，父母要学会与孩子一同欣赏这些"宝贝"，融入孩子的世界。

此外，孩子也会关注室内的"微不足道"的小东西，比如小线头、头发丝、小纸屑等。他会捏起一个小线头转手又扔掉，也会盯着一些碎纸屑不放。

父母最好不要打断孩子对细小事物的兴趣。对于小线头、小纸屑等小玩意儿，孩子会有自己的玩法。妈妈不要随便打断孩子观察事物的兴趣，或去阻止他继续进行某些行为。父母在阻止过程中采用的训斥、威吓等手段，可能会对他的心理产生不良影响。他的观察兴趣一旦被打断，他的内心深处的某种需求得不到满足，就会对心理造成一定的伤害。

相反，父母不仅不要打断孩子，而且要给孩子创造更多了解外界事物的机会，让他自己去观察，去体验。例如，父母可以带他一起去寻找路边的小蚂蚁，并陪着他一起观察。在这个过程中，父母也可以给孩子讲解，让他既能体会到观察的乐趣，又能增长知识。当然，父母要保证孩子的安全，不要让他停留在车辆来往频繁的路边。同时，父母要适当地限制他的观察时间，以免影响他的身心健康。

此外，父母不要随意丢弃孩子收集的小玩意儿。当孩子对一些小东西格外感兴趣时，他自己就会主动去收集它们。其实，孩子的这种收集行为是他心智发展的需要。因为他感觉到了自己的弱小，却又无法改变这一事实，于是他就会关注一些和自己同样弱小的事物，甚至会把注意力转移到这些事物上来。家长可以给他找一个小盒子，用来专门存放他的这些"宝贝"。

最后，父母可以为孩子"创造"一些小玩意儿。小线头、小纸屑等东西对孩子来说是没有什么危险的，而孩子又对它们感兴趣，所以父母可以为他"创造"一些类似的小玩意儿，让他自由地玩耍。如果条件允许，父母还可以和孩子一起玩耍，引导孩子思考。

父母也要警惕一些小东西，因为它们可能存在潜在的危险。例如，一些很小的硬币、很小的药丸、衣服里的干燥剂、地上的蟑螂药等东西，一定要引起父母的重视，不要让孩子碰触或误食，否则会有生命危险。

总之，父母要让孩子既能感受到关注小东西的乐趣，又要保证孩子在绝对安全的情况下，探索细小事物，这一点尤为重要。

# 5

## "模仿敏感期"：
## 瞧，他还真是一个小大人

从孩子出生的那一天起，他的模仿活动就开始了。孩子一出生就会模仿大人的动作或表情，譬如吐舌头、大声说话等。一般来说，孩子的"模仿敏感期"大概在 1.5 ~ 2.5 岁时出现。处于这个时期的孩子会像个影子，你干什么他就干什么，或者别的小朋友干什么他就干什么。其实有时候，他并没有真正的需求，只是为了模仿而模仿，以便积累一些生活经验。

模仿是指个体自觉或不自觉地重复他人行为的过程。孩子的动作、语言以及行为习惯、品质等的形成和发展，都离不开模仿这一行为。孩子在观察某种行为后，可以将这种行为再次表现出来。可以说，孩子的模仿行为是他心智发展到一定阶段的体现。

当然，对孩子来说，并不是所有的行为他们都会模仿，如果他们看到这种行为自己不能模仿时，他们就不会去模仿。如果他们想模仿却模仿不来，就会焦虑和苦恼。

## 🕊 萌萌是个小大人

萌萌今年三岁了，本来是一个十分可爱的小姑娘，但不知怎么回事，她的行为总是让大家目瞪口呆，并不讨人喜欢。

一天早上，萌萌张开惺忪的睡眼，还没等妈妈反应过来，她就大声地喊道："小芬，快给我倒杯水来！"妈妈当时愣了一下，这俨然是萌萌爸爸的语气。

虽然妈妈觉得这没什么，但心里还是有些纳闷："好好的萌萌怎么会变得这么没礼貌呢？"

妈妈倒了一杯温水端到萌萌跟前，抚摸着萌萌的头，温柔地说道："萌萌，告诉妈妈，你是不是渴了？"

萌萌冲妈妈笑了笑，轻轻地抚摸了一下妈妈的头，也温柔地说道："萌萌，告诉妈妈，你是不是渴了？"然后她才接过水杯，大口大口地喝了起来。

妈妈皱了皱眉头，对萌萌说："萌萌，不要学妈妈讲话，好吗？这样很不礼貌！"

萌萌把杯子递给妈妈说道："不要学妈妈讲话，好吗？这样很不礼貌！"

妈妈有些生气了，对她说道："你今天怎么了？这么不听话！"

萌萌继续模仿妈妈说话："这么不听话！"她的表情也像极了妈妈。

"学什么学！你怎么不学点好的？你再这么没有礼貌，妈妈就不理你了！"妈妈索性发起脾气来，对她吼道。

萌萌委屈地哭了起来，一副受伤的样子。

妈妈给萌萌穿好了衣服，帮萌萌洗漱完毕，在这个过程中，母女俩一句话也没说。萌萌吃过早饭后就蹲在阳台上看花花草草，一个上午也没笑过。妈妈这才觉得自己做错了，后悔自己因为一点儿小事情就冲着孩子发脾气。

为了缓解这一尴尬的局面，妈妈决定带萌萌去小宇家玩。两个小伙伴平时关系很好，也许能让萌萌的心情好起来。果然，萌萌一见到小宇就开心地笑了，两个小朋友要在一起玩游戏。

萌萌妈一脸苦笑地对小宇妈说："今天早上，我冲萌萌发脾气了，想想还有点儿对不起孩子。"

小宇妈一听，问道："怎么了？"萌萌妈就把事情的来龙去脉跟小宇妈说了一遍。

小宇妈是一个育儿高手，她指着两个孩子，对萌萌妈说道："你瞧他们在干什么呢？"萌萌妈一看，真是哭笑不得。只听萌萌说："小宇，你磨蹭什么，还不把桌子收拾好了，赶紧去洗碗！"这是萌萌妈对萌萌爸经常说的话。小宇唯唯诺诺地回答："知道了，等我打完这盘游戏，行不？"不用说，这肯定是小宇爸的口气。

看到这儿，萌萌妈忍不住笑了，这两个小孩子还真有点儿大人的模样。小宇妈说："这叫'模仿敏感期'。对孩子来说，这是一种获得快乐和满足的途径。孩子要做一件事，首先从模仿开始。他会从语言、动作、表情等方面进行模仿，从而获得满足感。等孩子再大一点儿，他就会超越模仿，形成自己的风格和特点。不过在这个阶段，父母的行为举止尤为重要。"

"尤为重要！"萌萌和小宇头也没抬就异口同声地说出了这四个字。萌萌妈这才意识到，孩子的"模仿敏感期"到了！

模仿是孩子的天性，他从模仿开始，到超越模仿结束。这其实是孩子成长过程中必不可少的一部分。许多家长以为，孩子毫无意义地重复某种单一的动作或语言，是一件不好的事情，从而干涉甚至制止孩子的模仿行为。这不仅阻碍了孩子"模仿敏感期"的发展，也对孩子的智能发展形成了阻力。在这个阶段的孩子，见到什么就学什么，这是他们从内部世界走向外部世界的一种实践方式。如果家长一味地阻碍孩子，会给孩子造成心理压力。

"模仿敏感期"一般出现在 0~3 岁之间，因为嘴巴是孩子最先运用自如的器官，所以孩子的模仿行为也是先从语言开始的。这也是孩子学习语言的最佳方式。所以，作为家长，我们在交流当中，必须保证自己的语言准确、规范，同时要注意文明和礼貌用语。

当孩子模仿家长的时候，家长千万要注意自己的一言一行。如果家长跷"二郎腿"，孩子也会跷"二郎腿"；如果家长驼着背走路，孩子也会驼着背走路。这样的情况，相信大家也不愿意看到吧？

孩子如果到了适当年龄，并没有出现"模仿敏感期"，家长也无需过分担心。每个孩子都不同，有的孩子会在三岁之后进入"模仿敏感期"。当孩子的"模仿敏感期"出现时，家长不仅要支持孩子的模仿行为，还要适当放慢自己的动作，让孩子跟着学。这样成长起来的孩子，一定会更加自信，更加优秀。

## ➤ 洋洋爱模仿

　　清晨，洋洋的爸爸开车送他去幼儿园上学，洋洋一动不动地坐在汽车的后座上。他既不看窗外的风景，也不玩手中的玩具，他的双眼直愣愣地盯着爸爸开车。到了幼儿园，爸爸停好了车，带着洋洋走进了幼儿园，并把洋洋托付给了老师。

　　因为时间比较早，所以幼儿园还没有上课。老师们都在教室里打扫卫生，他们有的扫地，有的倒垃圾，还有的在摆放小朋友的桌椅。这时的洋洋并没有像往常一样和其他的小伙伴一起玩耍，而是站在一旁静静地看着老师们打扫卫生。

　　上午的课结束了，老师们开始带着小朋友们一起去吃午饭，这时洋洋却留了下来。因为经过了一上午的学习和玩闹，教室里又变得乱糟糟的，所以洋洋开始学着老师的样子打扫卫生。老师来找洋洋去吃午饭，看到这番景象，不禁冲洋洋竖起了大拇指，使劲地表扬了他。

　　下午，爸爸开车来幼儿园接洋洋回家。在车里，洋洋不只看爸爸开车，自己也开始模仿爸爸开车的动作，手里仿佛抓着方向盘，学得有模有样。

　　爸爸见状，就问他："洋洋，你在干什么呢？"

　　"我在开车啊！"洋洋说道。原来洋洋知道自己在学爸爸开车啊，并不是随意地模仿爸爸开车的样子。

　　洋洋回到家里也没闲着。他又开始学着幼儿园里老师们的样子，帮着爸爸妈妈打扫卫生。他跑到厨房里找了一把笤帚，然后有模有样地开始在地上扫。妈妈在旁边看着洋洋，心里别提有多高兴了，直把洋洋夸得像一朵花儿一样。

当孩子还在婴儿期，很多爸爸有过这样的体验：孩子躺在婴儿车里，爸爸脸对着孩子，并做一些表情或动作，孩子也会伸出手来；爸爸夸张地笑，孩子也会微笑。婴儿在几个月大时，对嘴巴的使用是最频繁的。

孩子两岁后，会模仿一些大人的行为，并且可以把各种行为协调起来，进行"系列模仿"。孩子选择性的模仿，基本集中在对父母行为的模仿上。父母做什么，孩子就会学着做什么，所以家里经常会出现这样的情况：父母炒菜，他也炒菜；父母扫地，他也扫地。

父母还会发现，孩子会经常性地重复大人的语言和表情，重复模仿大人的某些特定的行为。表面上看，处于这一阶段的孩子，似乎没有自我，只是在一味地模仿别人，但是父母要明白，孩子需要通过模仿才能形成自我。如果孩子在这个"模仿敏感期"没有很好地发挥，那么他的发展可能会滞后。

那么，孩子们模仿的用意是什么呢？那是他们了解事物的一种方式。父母一而再、再而三地看到孩子学习别人的动作，模仿别人的行为，也能想到自己小时候的样子。

孩子们可以在模仿的过程中学到不曾了解的新知识，掌握新能力。再者，孩子们通过模仿，会对自己的能力进行肯定，从而获得自信。孩子长大后，模仿就成为他生命的内在的需求，形成自己的特质。

这真是一种非常了不起的成长模式，好似一个画家在欣赏完一幅画作之后，可以在纸上临摹出来一样。一个人对他所崇拜的偶像，在行为、气质、语言、思想等方面的"追随"，实际上就是模仿的基础。

在孩子的"模仿敏感期"里，父母要做到以下三点：

第一，让孩子自己去模仿，不要分对与错。在日常生活中，孩子可能还会有一些看似无聊的模仿行为。比如，有些孩子会模仿大人"爆粗口"，并且每一次模仿都带给他巨大的喜悦。父母不明白，孩子为什么会重复这样毫无意义的行为，于是就会上前制止他。然而，这个制止的过程恰恰阻止了孩子的正常发展，从而对他的智能发展造成影响。

第二，尽量满足孩子模仿的需要。父母要放慢自己的动作，让孩子更好地模仿。父母要给孩子成长的空间，使他平稳地度过这一时期。父母绝对不能因为孩子一直在模仿自己的动作、语言和行为习惯，就觉得孩子烦人。

第三，树立好的榜样，让孩子去模仿。父母的一言一行都会影响到孩子。为了孩子的健康成长，父母平时也应该注意自己的语言和行为，要保证自己的语言准确、规范，要约束自己的行为，为孩子树立一个好的榜样。从这个角度来看，孩子也是在督促父母努力学习，取得进步。

第 **3** 篇

DI SAN PIAN

**3~5 岁：**
**拥有识别意识**

# 1

## "执拗敏感期"：
## 孩子变得有些不可理喻

> 处于"执拗敏感期"的孩子，喜欢想当然地按照自己的意愿行事，尽管有时候这种意愿看起来就是一种"不可理喻"的胡闹行为，但一旦被拒绝，孩子就会烦躁不安，奋力反抗，大哭大闹，家长难以平息。总而言之，处于"执拗敏感期"的孩子喜欢胡闹，而且比任何时候都任性。家长要做的，就是尽可能地满足孩子的愿望。

孩子做了错事，很容易得到家人的原谅，那是因为孩子还小，还不具备成人的行为能力。孩子有时候任性，坚持要做一些事情，会让家人头痛不已。其实，这是孩子的"执拗敏感期"来了，它会让原本平静的家庭不再平静。

孩子开始跟家长说"不"的时候，就是他在建立自我意识的时候。孩子这么做，其目的无非是要求自己拥有和家长一样的平等地位。此时，家长对孩子的行动不要轻易干涉，而要征询他的意见，给孩子留有选择的余地。家长这样做，会让孩子觉得家长是在尊重他，他也就不会轻易地跟家长说反话了。

## 任性的小军

小军今年三岁多了，是家里唯一的孩子。在家人眼中，小军自然成为了家里最可爱的宝贝了。小军在家里就像是一个小太阳，爸爸、妈妈、爷爷、奶奶都是那太阳系里的行星，时刻都要围着他转。但姑姑的到来，让本来不平静的家显得更加不平静。

小军的姑姑很久没有见到小军了，于是就到小军家里来做客，想看看小宝贝。在这之前，小军是非常喜欢姑姑的。因为姑姑每次来家里都会给他带很多好吃的和好玩的东西，所以他会缠着姑姑好一阵子。

可是，这回不一样了。原来姑姑到小军家里，第一个打招呼的对象不是小军，而是小军的妈妈。这让小军觉得自己很没面子，所以他就在旁边生闷气了。

小军一生气，无论大人怎么哄都不管用。姑姑像变戏法一样从包里拿出好吃的和好玩的东西来，可是小军连看都不看一眼。小军的父母拿他没办法，只好由他去。

吃过晚饭，小军坐在沙发上看动画片。姑姑跟小军爸爸说，她刚参加了一档电视节目，马上就要播出了。于是，小军爸爸走过来对小军说："小军，咱们要不换个台吧？"

"不要，不要，我就看这个！"小军不高兴地回应道，还把遥控器抓得紧紧的。

爸爸不死心，对他说道："你这孩子真是……这动画片不是播完了吗？今天姑姑来咱们家做客，你让姑姑看她喜欢的频道好吗？"

谁知，小军不仅不让，还把遥控器藏在身后，并大声地说道："我就不换！我就要看这个！不换，不换，就不换！"他捂住遥控器，生气地看着爸爸和姑姑。

这时，小军爸爸没有由着他，直接走到电视机前，通过按钮来换台。小军姑姑尴尬地说："你由他去吧，别惹他了！"

小军爸爸也来了脾气，对小军姑姑说道："我不能再娇惯他了！他现在变得越来越固执了，太任性了！我非治治他不可！"他说完，就扭头又对小军吼道："小兔崽子，你不要以为老子治不了你！换个台怎么了？"

小军只是忿忿地看着爸爸，并不出声。他趁爸爸和姑姑不注意，把藏在身后的遥控器直接扔进了垃圾桶。正从厨房出来的小军妈妈看到了这一幕，便悄悄地将遥控器拿了出来。

小军玩了一会儿，看见遥控器又回到了桌子上，于是他趁大家不注意，又把遥控器扔进了垃圾桶。妈妈当着他的面捡了出来，他又当着妈妈的面把遥控器扔进了垃圾桶。当妈妈再次把遥控器从垃圾桶里捡出来时，小军就哇哇大哭起来。

这哭声把正在看电视的爸爸和姑姑吓坏了，他们连忙问小军妈妈怎么回事。小军妈妈解释了一番，小军爸爸又急又气，说道："我真是受不了他了！"

可是，这么一个令人头疼的孩子到底怎么了呢？小军爸爸非常苦恼。

　　处于"执拗敏感期"的孩子，喜欢想当然地按照自己的意愿行事，虽然有时候这种意愿就是一种"不可理喻"的胡闹行为，但是一旦被拒绝，他就会烦躁不安，奋力反抗，甚至大哭大闹。可以说，处于"执拗敏感期"的孩子比任何时候都要任性，而且喜欢胡闹。

　　孩子的"执拗敏感期"很有可能是"秩序敏感期"的延伸。这个时期的孩子，已经有了一定的秩序感，并期待着这个世界能按照他心中的秩序来运行。这种秩序感一旦遭到破坏，他就会反抗。

　　2~4岁的孩子，随着生活范围的扩大和认识能力的提高，他们发现自己可以控制越来越多的事物，因此他们喜欢挑战大人，并从中体会自己的力量。所以我们常说，这个年龄段的孩子已经进入了"第一个心理反抗期"。

　　在做某些事之前，如果有人打破了孩子的办事顺序，那么孩子就会生气。比如，有人按门铃，孩子希望自己去开，如果这时妈妈开了门，他就会生气。解决这个问题的办法就是：让客人出去，重新关门，让孩子来开门。又如，孩子想先上楼梯，如果妈妈先上去了，他也会发脾气。只有妈妈退回来，让他先上，才能让他的情绪稳定下来。

　　孩子的心理发育特点与"执拗敏感期"密切相关。既然如此，家长就应该明白，这是孩子成长过程中不可或缺的阶段。因此，家长不要过多地限制孩子的执拗行为，如果家长缺乏耐心，对事情简单处理，那么有可能加深孩子的执拗心理。孩子长大后，性格也会变得固执。因此，家长要统一思想，保持一致意见，不要让孩子"钻空子"。

家长要尽量满足孩子的合理需求。孩子不是成年人，家长不能期待孩子的行为能够像成年人一样充满理性。有时候，孩子的"刁难"只是他们的"线性思维"要求使然，孩子本身并没有什么特别的目的。当孩子处于"执拗敏感期"，家长要站在他们的立场上去思考问题，并尽量满足他们的合理要求。对孩子提出来的某些非合理的要求，家长首先要学会做孩子的思想工作，通过讲道理、转移注意力、寻找替代目标等方式来平息孩子的情绪。

对于孩子的好奇心，家长应该给予支持，并适当地给予满足。如果家长对孩子过度包办，会让孩子失去很多自我探索的机会，甚至会引起他们的抵触心理。对于孩子的表现，家长要给予充分肯定，以便帮助孩子树立信心。当孩子遇到自己可以解决的困难，家长要尽量放手，让孩子自己去做。孩子在体会成功的快乐时，也能减少与家长的对抗行为。

家长要满足孩子对独立的渴望。孩子之所以表现出顽强的"反抗性"，其根本原因是孩子想要独立。表面上看起来，孩子是在与家长对抗，但孩子的内心是渴望独立的，他们仍然需要情感支持和鼓励。在放手让孩子独立做一件事时，家长可以事先判断一下他们能在多大程度上完成这件事以及可能遇到的问题，然后在没有人身危险的前提下，让他们自己去做。

如果孩子正准备做的事情可能有危害，家长必须果断地制止，并用其他一些没有危险的项目来代替。这样做，可以让孩子在享受到独立感的同时，也享受到家长对他们的关爱。这样也会减少孩子的反抗行为。

## ➤ "野蛮人"洛洛

佳璐今年大学毕业，现在是一名幼师。佳璐十分喜欢孩子，因此她刚从学校毕业就回到了家乡的幼儿园工作。

佳璐第一天来幼儿园上班，园长就告诉她，因为大班现在不缺老师，所以只好安排她去中班当老师了。佳璐信心满满地接受了这个安排，并且在心中勾画了一幅美好的蓝图。她对班上的每一个孩子都非常有信心，相信自己与孩子们一定可以相处得非常愉快。

佳璐对中班的班主任说："我一定能把这个工作做好的，请您放心！"但是，中班的班主任却说："现在的孩子可顽皮了，尤其是中班的孩子，考验你的时候到了，加油吧！"班主任显然对这个没有经验的大学生不以为意。

果然，几个星期下来，佳璐就有点吃不消了。孩子们一个比一个顽皮，根本不配合她的工作。有时，佳璐发脾气都不管用。就这样，佳璐整天忙得焦头烂额，工作却没有显著的成效。

有一天，在回家的路上，佳璐就开始思考："现在的孩子个性比较张扬，胆子也比较大，约束力却不强。不过，不管他们是什么样的孩子，总喜欢听表扬的话。以后谁表现好，我就专门表扬他，孩子们就会争先恐后地做好学生了。"

但是，从谁开始呢？佳璐想到了洛洛。洛洛是这个班级里最顽皮的小男生，其他的小朋友都怕他，不愿意跟他在一起玩。有一次，小朋友们在一起专心致志地堆积木，洛洛走过去给了一脚，把积木踢倒了。其他的小朋友打不过他，只能哇哇大哭。当时，佳璐知道后，赶忙跑过来，教育洛洛不应该这样做，可他还是一副不服气的样子，并拒绝道歉。有一次，小朋友们中午都要睡觉了，洛洛却非要吵闹，打扰其他的小朋友午睡。还有一次，洛洛在别的小朋友的新本子上，用蜡笔乱涂乱画，还暗自得意。

其实，通过佳璐的几次观察发现，洛洛是一个很有爱心的孩子。在幼儿园的实践课上，老师要求孩子们共同来养小兔子，洛洛每天都去给小兔子喂食物，还主动跟老师提出，要担任兔子的饲养员。这样的洛洛，怎么会去欺负同学呢？佳璐也想不明白。佳璐决定去找班主任了解一下洛洛的情况。

原来，洛洛从小就被父母送到寄宿制幼儿园生活。父母工作忙，没有太多的时间照顾他，因此洛洛心里有了委屈也无法和父母倾诉。洛洛父母的脾气也比较暴躁，对孩子很严厉，在这种环境下长大的洛洛，性格比较执拗。

其实洛洛很聪明，能认真上课，也会积极回答老师的问题。洛洛就是有一点不好——老是欺负同学，经常有小朋友哭着来找老师告他的状。洛洛一会儿踢倒别人的积木，一会儿又去拆散别人的拼图。所以，时间一长，小朋友们都不愿意和洛洛一起玩了。

佳璐决定多与洛洛沟通，只有弄清楚小家伙心里是怎么想的，才能"对症下药"，帮助他和其他同学建立友好的关系。

佳璐决定先与洛洛成为好朋友。在实践课上，佳璐问洛洛："我想看你的图画书，你可以借给我吗？"洛洛高兴地点了点头。佳璐就对洛洛讲："如果你看到别人的玩具好玩，你要先征得别人同意，才能把它借过来玩，不能自己想拿就拿，而要学会尊重他人，知道吗？要是我直接抢你的图画书，你乐意吗？"佳璐说着，就一把扯过洛洛的图画书。

在佳璐亲自给洛洛示范之后，洛洛默默地摇了摇头。其实让孩子明白道理很容易，就看家长有没有足够的耐心了。家长要有一双发现孩子优点的慧眼，对他的坏习惯要及时纠正，适时地给他鼓励，帮助他成为优秀的人。

洛洛的手工做得很好，班里的橱窗里有好多洛洛自己叠的小花篮、小青蛙等手工作品。佳璐决定利用洛洛的这个优点来鼓励他，激励他。

"下周五上午，我们要举行一个手工作品制作大赛，小朋友们一定要认真准备，每个小朋友都要交一个手工作品给老师，老师看看哪个小朋友做得最好？"佳璐在班里宣布了这个比赛的消息。

孩子们积极地准备着，最后都把自己最拿手的手工作品交了上来。最后，同学们一致认为洛洛叠的机器人作品是最好的。佳璐对小朋友们说："这次比赛，洛洛叠的机器人最棒了，你们说是不是？"小朋友们都喊："是！"

"那么以后，我们请洛洛教大家叠机器人，你们说好不好？"佳璐说道。看着洛洛的小脸上洋溢的笑容，佳璐也觉得这次的比赛太有成效了。此后，洛洛与小朋友们相处得越来越好。

**Parenting**
育儿一点通

　　"执拗敏感期"与"秩序敏感期""追求完美敏感期"的区别不是很大，在孩子身上表现出来的行为也很难区别。但无论孩子处于哪个敏感期，家长都要及时与他们沟通。有些孩子因为情况特殊，跟父母联络很少，往往找不到合适的沟通方式和宣泄情感的通道。这时，他们就会做出一些错误的举动。

　　家长有责任和义务去帮助孩子，关心孩子成长。如果孩子刚好处于"执拗敏感期"，那么家长一定要及时与孩子沟通，了解具体情况。孩子虽然小，没有分辨是非的能力，但他们有难过和高兴的情绪，能感知到家长对他们的态度。所以，家长要经常与孩子沟通，给予他们支持和鼓励。

# 2 "完美敏感期"：
这个东西不是原来那个

> 三岁以后的孩子，会有一个"完美敏感期"。顾名思义，进入到这个时期的孩子，最典型的特征就是追求完美。例如，家长给他的饼干必须是完整无缺的，不能有缺口，苹果上不能有斑点，衣服不能少扣子等。家长要尊重孩子的需求，顺其自然。

从"要求事物的完整性"发展到"对事物的完美追求"，这个过程使孩子在审美上有了更大的进步。"完美敏感期"和"执拗敏感期"总是手拉着手一起走来。例如：幼儿园的一个小朋友摔倒了，无论大人怎么抱他都不肯起来，会一直哭着；或者他直接起来了，跑到楼上找到平时经常带他玩的老师，再把老师带到他刚才摔倒的地方，重新摔倒一次，让这位老师把他扶起来。这时，他的哭声才会停住。对此你能理解吗？其实，孩子在这个时候所表现出来的行为，说明他的自我意识越来越强了。

处于这个时期的孩子，会非常在意周围的事物是否符合他自己的审美要求。这些事物是否完整没有缺陷，如果不是，他便会哭闹，或者奋力将它恢复成自己心目中的模样。

## 玲玲买苹果

某个星期天的早上，妈妈带着四岁的玲玲去超市买水果。一进超市，玲玲就被琳琅满目的水果迷住了。她紧跟妈妈的脚步，眼睛一眨不眨地看着摊位上红彤彤的大苹果。苹果长得很好看，玲玲实在忍不住了，就拉着妈妈的手说："妈妈，我想吃苹果。"玲玲说完，还用手指了指摊位上的大苹果。妈妈看着玲玲一副迫切的样子，就答应了她的要求。

既然买苹果是玲玲的主意，妈妈就拿了一个购物袋对玲玲说："既然你要买，那你就把要买的苹果放进来吧!"玲玲听了妈妈的话，认真地挑起了苹果。虽说是往袋子里装苹果，可是玲玲挑了半天才装了三个，这下可把妈妈给急坏了! 妈妈一边挑着苹果往袋子里装，一边对玲玲说："玲玲，咱们挑得快一些好不好? 这些苹果不是都挺好的吗?"

可是妈妈转头一看，发现玲玲正把她装进去的苹果一个一个地拿出来。玲玲到底要干什么呢? 妈妈有点着急了，就问她："玲玲，你这是干什么?"

玲玲却不温不火地说："妈妈，你挑的苹果都不好。我要的苹果大小要一样，身上没有斑点，而且每个苹果的颜色也要一样红。"

妈妈一听，头都大了。这可怎么办啊? 不过，妈妈突然想到了一个好办法，她对玲玲说："玲玲，你是不是想要漂亮的苹果呀?"

玲玲点了点头。

妈妈继续说道："那我们少买几个吧，把那么多苹果买回家，吃不了就会坏掉。苹果坏了就会出现斑点，那时候你就不喜欢了。要是苹果放在超市里面，我们每天都可以来挑选。我们能吃几个就买几个，好不好？"

玲玲很乖巧地说："好。"

妈妈趁机说道："家里只有三个人，只要三个苹果就够吃啦！你已经挑完了，咱们快去那边结账吧！"玲玲这才从苹果摊前离开，乖乖地跟着妈妈去结账了。

周六，妈妈要去参加同学聚会，于是把玲玲交给了爸爸。爸爸在公司加班，玲玲就在一边自己玩。等到妈妈过来接玲玲的时候，玲玲把几张信纸交给妈妈，并认真地说道："这些都是我的文件，很重要！"

"好的，妈妈知道它们很重要！"妈妈应付着回答。妈妈心里想："这小家伙肯定是看到爸爸公司里有人来拿文件了。这小家伙就是喜欢模仿！"

可是，回到家里，妈妈不小心把信纸弄坏了一个角。这在妈妈眼里，根本不算什么事儿。可是，玲玲向妈妈要信纸的时候，却发现了这张破损的信纸。她学着大人的样子说道："我的文件你怎么弄坏了？我都说了这是非常重要的！现在怎么办啊？"

"没办法啊，妈妈也不是故意的。我刚才从包里拿出来的时候，不小心弄坏了！"妈妈回答，一副无所谓的模样。

可是玲玲却哭闹起来了，并对妈妈喊道："我的文件很重要！现在怎么办？"

　　妈妈见状，只好又给她找了几张白纸，希望以此来安抚玲玲的心情。可是，玲玲拿着几张白纸，不仅不领情，反而哭得更大声了。她边哭边说："这不是原来那张，我就要原来那张！"她还把白纸往地上一扔，哭得更伤心了。妈妈有些尴尬，于是悄悄地给爸爸打了个电话，让爸爸从公司再拿几张一模一样的信纸回来。

　　很快，爸爸就赶回来了。他悄悄地从公文包里把信纸递给妈妈。妈妈假装从屋子里面又拿出一张信纸，对玲玲说："玲玲你看，这是不是你原来的那张信纸呀？"

　　玲玲含着泪水，抬头看了一下，然后停止了哭泣，并点了点头。爸爸赶紧说："玲玲，发生什么事儿了，你怎么哭成这样了？可不可以跟爸爸讲？"

　　玲玲带着哭腔对爸爸说："你给我的文件，被妈妈弄坏了一个小角，刚才妈妈又给修好了。"

## Parenting 育儿一点通

　　追求完美是孩子的天性。三岁的孩子开始进入"完美敏感期"，其典型的特征就是追求完美。

　　人们对事物的认识会随着观念的变化而变化。孩子认为不完美的事物，在成年人那儿可能具有美的特征，比如，雕像维纳斯有一种残缺的美。孩子追求完美，是一种暂时性的行为，他追求完美的品质，能为他将来成为一个优秀的人奠定基础。等孩子过了"完美敏感期"，他就会进入下一个敏感期。

## ➤ 画错了怎么办？

在幼儿园的美术课上，老师正耐心地教小朋友们画画。教室里安安静静的，所有的小朋友都在忙着完成自己的作品。老师则在教室里走来走去，巡视着大家的进度。

当老师走到芳芳的座位前时，芳芳把老师叫住了："老师，您能再给我一张纸吗？我画错了！"

"画错了？我看看！"老师拿起芳芳的画，说道，"没错呀！就是画得小了点儿，没有关系的！"

"老师，您再给我一张纸吧！我想重新画！"芳芳恳求道。

"真的不要紧，你要是觉得这朵花画得小了，可以在其他图形上做一些改变啊！比如，你在这朵花的旁边画上几朵比它还小的花，这样它就显得大了，或者你再画个大大的房子，这多好啊！"老师解释道。

"可是……"还没等芳芳说完，老师已经转到其他同学那边了。

芳芳继续按照老师给的建议画画，但是没过一会儿，她就跑到老师跟前说道："老师，我还是画错了，您给我一张纸吧！"

老师非常无奈，对芳芳说："你看这里，你画的花非常漂亮，而且你刚加上去的房子也很美。你为什么不觉得这是一幅美丽的图画呢？"

"因为我画的小花有点小了，而且我在画房子的时候，忘了加烟囱！"芳芳一本正经地回答老师。

"不加烟囱的房子也非常好看啊，你画的这个特别棒！快回去吧！"老师安慰道。

芳芳见老师就是不给自己白纸，干脆自己去拿了。她趁老师不注意，走到纸盒子跟前，悄悄地拿走了一张纸。

芳芳的举动早就被其他小朋友看在眼里。"老师，芳芳换纸了!""老师，芳芳拿你的纸!""老师，芳芳拿了一张大纸!"……一时之间，告状的声音此起彼伏。

老师看到芳芳执意要换纸，便对小朋友们点了点头，表示自己默许了。孩子们看到老师默许了，就像炸了锅一样，不停地对老师说道："老师，我也画错了!""老师，我也想换一张纸!""老师，我也要一张大纸!"……最后，几乎半数的孩子都要求换纸，原因仅仅是因为有一笔或几笔画得不理想。

*Parenting*
## 育儿一点通

大多数家长可能会觉得孩子太挑剔了，也太浪费了。他们认为孩子很"矫情"，一张画了几笔的纸，便成了废纸；饼干掰碎了，他就不想吃；他吃饭时要边吃边玩……可是家长要知道，孩子之所以会这样，都是因为他处于"完美敏感期"。

在"完美敏感期"里，孩子会有一些特别的表现。比如：他们会特别在意别人对他的看法；许多孩子出现了"输不起""批评不得"等状况，在某些事情上过分地争强好胜。

"完美敏感期"对孩子的心理发展起着至关重要的作用。追求完美是一种内在的自律的行为，在这个时期里，如果孩子追求完美的心理得到满足，孩子就会形成"完美自律"。

当孩子上了小学后，"完美自律"对孩子的影响会更大。比如在做作业、画画或在做其他的事情时，孩子都会力求做到让自己满意。家长此时会恍然大悟，许多成年人对自己要求非常严格，这些都和他们在童年时期的"完美敏感期"有着密切的关系。如果这个时期的孩子追求完美的心理没有得到满足，没有得到正确的引导，那他有可能会往畸形的方向发展。

孩子处于"完美敏感期"，家长可以做些什么呢？怎样才能帮助孩子更有效地度过这一时期呢？

"完美"是孩子心理发展的需要，因此在大方向上，家长都要顺应孩子的这一需要。比如在做点心、面食、饭菜上，都应当为孩子考虑，可以做得小巧一些，精致一些。当孩子因为饼干碎了而不想再吃它的时候，家长就不要强迫孩子吃碎了的饼干。

家长不能一遇到孩子"挑剔"时，便呵斥孩子，搬出像"每粒粮食都来之不易"这样的大道理来教育孩子。这样的教育不但没有好的效果，反而会有负面影响。它不仅不会让孩子理解所谓的"呵斥"，反而会强化孩子的这种行为，并且会使孩子觉得自己就是一个"挑剔""浪费"的孩子。这对于他的身心是非常不利的。

# 3 "色彩敏感期"：
## 孩子总是喜欢色彩鲜艳的东西

孩子在刚出生后的一段时间里，只能看到黑和白两种颜色，成长到一岁时他们能够辨认红色，到两岁时可以掌握黄、绿、蓝三种颜色，到三岁时能够识别紫色、粉色等。也就是说从三岁开始，孩子对色彩产生了感觉，开始在生活中不断寻找不同的色彩，并会搭配使用。这预示着孩子的"色彩敏感期"到来了。

成年人对事物的各种颜色习以为常，是因为成年人的关注点已经发生了改变，对再普通不过的色彩司空见惯了。

可是，孩子却对这个世界充满了好奇心。对他们来说，世界是全新的。他们总是睁大眼睛，屏住呼吸，看着这五彩斑斓的世界。在刚开始的时候，虽然孩子说不出各种颜色的名称，但是这根本阻止不了他们对颜色的好奇心理，以及他们对颜色的追求和热爱。

## 小美的"有色"生活

　　人类认知的发展是从感觉开始的。孩子在小的时候有这么一个阶段，开始对色彩产生感觉，会对色彩格外关注，并在生活中不断地寻找不同的色彩。

　　这段时间，妈妈明显地感觉小美对颜色越来越敏感了，这首先从她的日常用语可见一斑：

　　"妈妈的裤子是蓝色的。"

　　"这个蓝色的花不好看，我要那个红色的。"

　　"妈妈，我想要一条白色的裙子。"

　　……

　　孩子不经意间表露出来的对色彩的兴趣，让妈妈感到非常高兴。于是，妈妈更加注意与孩子在这一方面的日常互动了。

　　客厅的沙发上摆放着一只玩具熊，这是奶奶在小美过生日的时候送给她的生日礼物。妈妈指着玩具熊对小美说道："宝贝，你看小熊的脸是什么颜色的?"

　　小家伙盯着玩具熊，一言不发，妈妈也看不出来她到底知不知道。

　　妈妈看小美不说话，就试探性地补充道："哦，你看小熊的脸是不是红色的呀?"

　　"不是，小熊的脸是橙色的!"小家伙突然给出了答案，而且带着一种不容置疑的语气。

　　妈妈一看，小熊的脸果然有点偏橙色，于是使劲夸奖了小美一番。借着小家伙的高兴劲儿，妈妈又继续指着玩具熊问道："宝贝，你看小熊的裤子是什么颜色的？"

小家伙再次打量着，沉思着，慢慢说出了答案："是葡萄的颜色。"

小美又回答对了，于是妈妈再一次猛夸她一番，并同时告诉她是紫色。妈妈心想："小美肯定还不知道怎样用语言去表达紫色，竟然用'葡萄的颜色'代替了。"

这个周末天气不太炎热，妈妈决定带着小美去公园附近的摊位上，给小美买一个雕像，用来涂颜色。她们到了公园附近，妈妈发现摊位旁边的人还真不少。不过，这并没有影响她们的心情。

小美左挑右选，最后她挑了一个小猫钓鱼的雕像。妈妈找到座位后，开始让小美选颜色。妈妈让小美自己动手往雕像的身上涂颜色——这是妈妈为了锻炼小美对颜色的认知能力而特意安排的活动。妈妈提醒她，要先涂完一个部位，再选一种没有用过的颜色去涂另一个部位。妈妈想知道小美对色彩的敏感程度到了什么地步。

小家伙很配合，听了妈妈的话。她用完一种涂料就去换另一种涂料，专心致志地给雕像涂色。而且，小美每次拿的涂料都是之前没有用过的。

等小猫雕像涂得差不多了，妈妈发现小美竟然把所有的颜色都使用过一遍，所以她对小美的这种表现非常满意。虽然这个涂了很多颜色的小猫雕像并不怎么好看，但是小美对颜色的敏感度和做事认真的态度着实让妈妈感到意外。

*Parenting*
育儿一点通

3~4 岁是孩子对色彩的敏感期，孩子喜欢认识色彩，发现色彩，探寻色彩。孩子对色彩的认识更多地会体现在日常生活中，比如：他会选择不同颜色的玩具，会选择不同颜色的衣服，等等。

在孩子的"色彩敏感期"，家长应该做些什么呢？以下几点建议可供参考。

第一，要尽量满足孩子对色彩的需求。家长在满足孩子对色彩的多样化需求的同时，还要让孩子感受音乐，培养孩子艺术通感。家长要挑选优秀的图书给孩子阅读，以便扩大孩子的视野，提高孩子的审美能力。

第二，给孩子提供宽松、自由的环境。一个自由、自主、有趣、快乐、共享的环境对孩子的成长是非常重要的，这样的环境可以很好地解放孩子的天性，激发孩子的想象力和创造力。

第三，带孩子接触自然。大自然的色彩才是最美妙的，所以，在空余时间，家长要带孩子走到郊外，接触大自然。这不仅会让孩子更加热爱生活，同时还会让孩子在欣赏大自然的美景时，发现大自然的色彩，从而提高孩子对色彩的敏感度。

## 收集宣传单

温馨小朋友最近有了个特别的爱好——收集宣传单。

温馨住在一个非常美丽且繁华的城市里。因为父母经常忙于工作，所以温馨的日常生活就由奶奶来打理。

　　奶奶拥有勤俭持家的好习惯。每次和温馨一起出门散步时，她总要四处盯着，寻找可以卖钱的空瓶子。有时候出门，她就随手拿着一个袋子，回来的时候，袋子里便装满了各种各样的塑料瓶。

　　一天，温馨牵着奶奶的手在公园里散步，她见奶奶捡空瓶子，便好奇地问奶奶："奶奶，您为什么总是捡空瓶子呢？这些都是别人扔掉的垃圾。"

　　奶奶笑着看着她，慈祥地说道："傻孩子，别人扔掉的空瓶子还能卖钱呢！等奶奶把攒起来的空瓶子都卖掉，就可以给温馨买棒棒糖啦！"

　　温馨高兴地拍着手说道："太好了，我也帮奶奶去捡！"温馨说着，就跑到前面不远的地方，捡了一个空瓶子回来，并递给奶奶。

　　从这天开始，温馨便和奶奶开始了收集空瓶子的计划。她们每天都会按时出门散步，顺便捡拾可以卖钱的空瓶子。虽然空瓶子有些脏，但是温馨和奶奶都非常高兴。奶奶也按照约定，在卖了空瓶子之后，给温馨买了好吃的棒棒糖。

　　有一天，奶奶和温馨像往常一样去外面散步。温馨在一个街边的座椅上发现了一叠宣传单。她拿起宣传单仔细地看了一下，发现这上面都是五颜六色的图案，真是好看。她转过身对奶奶说："奶奶，我发现了一叠好看的纸，这上面有许多不同颜色的图案。"奶奶笑着把袋子递了过来，让温馨把宣传单放进去。

　　回到家后，奶奶在整理废品时却没有发现那叠纸，就说："怎么少了一叠纸呢？"

　　温馨听见了奶奶的话，便回道："奶奶，我喜欢那一叠好看的纸，所以我已经收起来了！"

奶奶看了温馨一眼，便说："我还以为让小老鼠偷去了呢，原来是你呀！"温馨开心地笑了。

从那以后，温馨到处去寻找宣传单，如果在逛街的时候遇到发宣传单的工作人员，温馨还会主动伸手去要。她好像只对宣传单着迷。

回到家里，温馨就把她收集的宣传单都拿出来摆在桌上，然后一一对比。有时候她会拿着几张同样颜色的宣传单对奶奶说："奶奶，这几张宣传单的颜色是一样的。"有时候她会拿着几张宣传单对奶奶说："这张宣传单的颜色有五种，那张宣传单的颜色有六种。"奶奶仔细一看，发现小家伙说的没错。她高兴地看着温馨，说道："馨馨，你真是个聪明的孩子，可是你已经收集很多宣传单了，以后就不要再往家里拿宣传单了。要不我把现在的这些宣传单当废纸卖掉吧？"

温馨一听奶奶要卖掉自己的宣传单，便着急地说道："奶奶，你不能卖掉我的宣传单。这些都是我最喜欢的东西。"

"那你说说，你为什么喜欢这些宣传单啊？"奶奶看温馨着急的样子，便想继续逗逗她。

温馨把收集的宣传单都摆出来，并对奶奶说："奶奶，我喜欢这些好看的图案，上面有很多颜色，而且还有带颜色的字呢！"温馨一边说着，一边指给奶奶看，然后噘着小嘴，继续说道："而且，我还要收集更多的宣传单。我想把它们都摆在我的房间里，等爸爸妈妈回来了，我拿给他们看。"

奶奶抚摸着温馨的小脑袋说道："温馨真是个好孩子，还想着自己的爸爸妈妈。不过，你要是把房间都摆满了，爸爸妈妈回来就没地方睡了。"

"那怎么办？"温馨问道。

"那你以后就挑最喜欢的宣传单拿回家里，不喜欢的就让奶奶拿去卖掉，好吗？"奶奶给温馨出了个主意。温馨点了点头，算是同意了。

## Parenting 育儿一点通

处于"色彩敏感期"的孩子，对带有鲜艳色彩的东西有一种莫名的好感。他们可能会喜欢收集宣传单、彩笔以及五颜六色的糖纸。

如果有一天，家长发现孩子把水彩涂得满身都是，请不要责怪孩子。他们眼里没有"脏"和"净"，只有颜色。他们会对每一种颜色所带来的效果产生好奇心，不仅如此，家长们还会发现，孩子会对色彩各异的东西产生极大的兴趣。

在这个敏感期出现的时候，家长不要以成年人的审美标准来衡量孩子。在孩子的眼中，颜色的感染力是非常强的。

家长要为孩子提供了解"美"的机会，引导孩子去体会颜色与美丽之间的关系，让他们形成自己独特的审美标准。小朋友们在画画的时候，会把太阳画成蓝色，把小花画成绿色，把房子画成紫色，把人的皮肤画成粉色。虽然这些颜色并不符合常规，但这就是孩子眼中的"美"。

# 4

## "人际关系敏感期"：
## 孩子有了自己喜欢的小伙伴

"人际关系敏感期"是儿童成长过程中一个很重要的时期。孩子在这个敏感期的发展，将会为他们长大成人以后学会处理各种人际关系奠定非常重要的基础。家长需要给孩子提供更多的交往机会，培养他们的交往技能。

两岁半以后的孩子会逐渐走出以自我为中心的世界，开始结交朋友，并对群体活动有了明确的倾向。这时，家长要与孩子建立明确的生活规范，使其日后能遵守社会规范，拥有自律的生活。

"人际交往敏感期"是儿童成长过程中一个很重要的时期。在这个过程中，他们会学着去寻找志同道合的玩伴，而家长需要做的是：给他们提供足够的机会，培养他们的交往技能。

### 好朋友也会吵架

紫玉和小刚是一对非常要好的小伙伴。他们在同一所幼儿园里上学，并且住在同一个小区，所以这两个小伙伴经常在一起玩。当然，他们俩在玩耍中也起过不少冲突。

有一次，紫玉到小刚家里玩，他们在玩一个叫《狮子王》的游戏，小刚想扮演里面的狮子王，紫玉也想。就这样，两个小朋友为了这个角色争来争去，没有结果。

"是我提出要玩这个游戏的，狮子王就应该我来当。"小刚说道。

"那也不行，我今天就想当狮子王！"紫玉反驳道。

"不行，不行，我要当！"小刚争辩道。

"我要当！"紫玉也不甘示弱。

眼看着两个小朋友就要吵起来了，紫玉的妈妈赶紧过来帮忙调解："小刚是男孩子，男孩子当狮子王，紫玉是女孩子，就当娜娜吧！这样分配起来也合适呀！"

可是，这条建议并没有得到紫玉的认可。她对妈妈说："不行，凭什么男孩子就可以当狮子王，女孩就必须当娜娜啊？我就不，偏不！"妈妈的建议不起作用。

但是，过了一会儿，两个闷闷不乐的小朋友又玩到一起了，并且表示已经找到了解决问题的方案。

小刚的妈妈有些疑惑，于是问道："你们是怎么解决角色分配的问题的啊？"

小刚回答道："如果我到她家，她就是狮子王；如果她到咱们家，我就是狮子王。"

看来，他们之间建立了一种双方都认同的游戏规则，很轻松地解决了这个问题。

处于"人际关系敏感期"的孩子，会从"一对一"的交换活动开始，逐渐发展到对交往伙伴的依恋。

随着年龄的增长以及认知能力的日益提高，孩子对父母的依恋可能会逐渐减少，被其他依恋的事物所补充，但这种依恋会贯穿他的整个人生。

孩子早期是对物品感兴趣的，而不是对人感兴趣的，因为他还没有与他人形成一种真正的链接关系。当孩子与他人形成一种链接关系时，这往往就是"一对一"的链接关系。

很多人以为，让孩子生活在一个集体环境中，他们就可以自然而然地学会并掌握一些处理人际关系的技巧。事实并不是这样的，人际关系是在跟某个人形成联系的过程中产生的。

孩子首先是通过食物来产生联系的，他的逻辑是这样的：我带好吃的跟你分享，你就要跟我做好朋友。但是，经过一段时间，孩子很快发现一个秘密，那就是：当自己没有好东西的时候，或者当别人把好东西吃完之后，他们之间的联系就会消失。孩子一旦发现这个秘密，就会找一个不会消失的东西来跟周围的小朋友建立关系，这个东西通常就是孩子们喜欢的玩具了。

孩子通过分享玩具或者相互交换玩具来建立彼此的交往关系。经过一段时间之后，很多孩子又会发现这样一个事实：当他把自己的玩具给对方，对方一旦得到这个玩具以后，就可能结束这种交往关系。孩子还会发现，通过玩具也不能维持一个正常的交往关系。

所以经过一段时间以后，孩子又会放弃通过玩具建立起来的交往关系。

等孩子再大一点儿之后，他就会明白：交朋友的关键是彼此之间有共同的爱好和兴趣，或者我喜欢他，或者他喜欢我，或者双方能够相互理解。这个时候家长问孩子："你为什么要跟他成为朋友呢？"他会很认真地说："因为我喜欢他，所以我要跟他交朋友。"

于是在人际交往中，孩子最终会发现，真正的友谊是建立在志趣相投、彼此关爱的基础上的。

孩子在五六岁的时候，会对规则感兴趣。所以他们在一起玩的时候，首先会建立规则，待对方同意后才会一起玩。这实际上是一种契约与承诺。有趣的是，这样的契约与承诺是在他们成长过程中自发形成的。

家长要让孩子学会处理好人际关系，就要给孩子独立的空间，让孩子自己处理问题，直到孩子需要家长时再介入。家长介入的时候并不需要告诉孩子应该怎么做，而是要耐心倾听孩子的心声，让他们自己找出解决问题的方法。

但在现实生活中，我们常会看到有些孩子畏缩、躲避、爱哭泣、不敢与人接触，这与家庭的影响有很大关系。这些孩子的家长怕孩子吃亏，过分保护和偏袒孩子，使他们缺乏锻炼的机会，所以他们才会胆小怕事，遇事退缩。更有甚者，家长怕孩子在幼儿园受委屈，干脆就不让孩子上幼儿园，到上学时才开始与人交往，这样的孩子与人相处就会更加困难了。

## "小霸王"豆豆

豆豆是幼儿园里的"小霸王"，她的玩具别人不能碰，她的零食从来不会给别人吃，而她喜欢的玩具别人必须给她玩，她喜欢的零食，别人不给她就会抢。时间一长，其他小朋友都对豆豆敬而远之，全都不愿意跟豆豆玩。幼儿园里的其他小朋友都能开心地在一起玩耍，而豆豆只能一个人自己玩。

豆豆总是一个人骑着车。她一边骑车，一边说："我的小车子可好骑了，我才不给你们骑。哼！你们谁都别想骑我的车子……"虽然她嘴上这么说着，但她的目光总是投向不远处的小朋友们。

豆豆的妈妈给她准备了许多的零食，希望她能与其他小朋友一起分享。但是，豆豆始终将装着零食的书包紧紧地抱在怀里，谁来都不让看。

幼儿园的老师为了让豆豆和其他小朋友愉快地相处，总是在旁边指导她，并鼓励其他小朋友和豆豆交往。

一天，老师发现炎炎小朋友特别想骑豆豆的自行车。于是，老师便鼓励炎炎向豆豆借车，让豆豆同意炎炎骑一会儿车子。炎炎靠近豆豆，神情有些紧张，而豆豆整个人都处于战备的状态。炎炎小声地对豆豆说："豆豆，我能骑一会儿你的车子吗？"

炎炎话音未落，就听豆豆果断地拒绝道："不行，你走开！"豆豆说完还狠狠地推了炎炎一下。炎炎本来就很紧张，经豆豆这么一推，干脆哭着跑开了。其他的小朋友看见了，就离豆豆更远了。

老师安慰完伤心的炎炎，便走到了豆豆身边，豆豆以为老师是来要车的，推着车子走开了。后来她见老师没有要车的意思，又放松下来，自己玩了起来。老师见豆豆放松了下来，就慢慢靠近她，跟她说话。

"豆豆，你刚才推了炎炎，你那么做是不礼貌的。你有没有向炎炎道歉啊?"老师问豆豆。

豆豆无动于衷。

老师没有放弃，继续和豆豆说话："如果其他小朋友那样推你，你会高兴吗?"

豆豆似乎还是没有反应，但是过了一会儿，回答道："不高兴。"

老师继续问道："那你为什么还推炎炎呢?"

"他要抢我的车子!"豆豆回答。

"可他并没有抢你的车子啊! 他在有礼貌地问你，可不可以让他骑车子。你不想答应，可以直接拒绝他啊，为什么还要推他呢? 你想，如果你是炎炎，你会不会很难过呢?"

听老师这么说，豆豆不玩车子了，而是皱着眉头陷入思考，过了好一会儿，豆豆问老师："那我应该怎么做?"

"你应该向炎炎道歉，说声'对不起'。"老师说道。

小家伙虽然没有马上行动，但没过多长时间，豆豆还是跑去向炎炎道歉了。小孩子的情绪来得快，去得也快。炎炎虽然脸上还带着泪痕，但他仍然接受了豆豆的道歉，并没有把豆豆推他的事情放在心上。道完歉的豆豆并没有马上离开，似乎想和炎炎一起玩。站在一旁的老师看出了豆豆的心思，她鼓励道："豆豆，你可以问炎炎，可不可以一起玩?"

这次，豆豆没有犹豫多长时间。她走向炎炎，说："我可以和你一起玩吗?"

这回炎炎答应得没有那么痛快，而是提出了条件："你让我骑你的车子，我就让你跟我玩。"

豆豆太渴望有个朋友了，所以她爽快地把车子给了炎炎，并和炎炎一起玩了起来。

经过这件事情，豆豆逐渐地懂得了如何与小朋友相处，并且很快就有了一些新朋友。豆豆与别的小朋友交往的方式发生了变化，但在某些问题上，她仍然表现得比较自我。

幼儿园里的小朋友们经常共同分享彼此的零食，但豆豆总想着获取更多的零食。她不希望与小朋友们分享自己的零食，却希望吃到其他人的零食。她记住了老师教给她的相处方式——做任何事都要有礼貌地请求别人，于是她总是对别的小朋友说："我想吃你的零食，你能给我一点儿吗？"

起初，其他小朋友都乐意把自己的零食给豆豆，可是当其他小朋友希望得到她手里的饼干时，她却说："我不想给你饼干。"而且，她每次吃其他小朋友的食物也不说"谢谢"。因为她总是拒绝和别人分享自己的零食，所以很多小朋友也都不愿意和她分享零食了。

豆豆感觉很委屈，于是她跑到老师面前，问道："我已经很有礼貌了，为什么他们不愿意把零食给我吃呢？"

老师看着满脸困惑的小女孩，于是问她："你去商店里买东西，不把钱给售货员阿姨，阿姨会把东西给你吗？"豆豆摇了摇头。

老师接着说："所以，你跟其他小朋友要零食，就像去商店里买东西一样。你不拿出自己的零食，又怎么能够得到其他小朋友的零食呢？"

豆豆似乎明白了老师讲的道理，但她还是不想拿出自己的零食给其他小朋友。老师又接着劝豆豆："你的零食，自己又吃不完，为什么不分一些给其他小朋友呢？你把一部分零食给其他小朋友吃，你自己也获得了品尝其他小朋友的零食的机会，这样多好呀！"听完老师的话，豆豆低下头思考了一会儿。

过了一会儿，豆豆向幼儿园里和她玩得最好的炎炎走去。

"炎炎，我想吃你的小熊饼干。我把我的棉花糖给你吃，你把你的小熊饼干给我吃，可以吗？"交换零食是幼儿园里非常常见的相处方式。于是，炎炎很干脆地把手中的饼干递给了豆豆，然后接过豆豆手中的棉花糖。其他的小朋友亲眼见证了豆豆和炎炎的"交易"，于是也和豆豆交换彼此的零食。

豆豆在那一天吃到了好多她想吃的零食，并带着好心情一直持续到幼儿园放学。妈妈下班来接豆豆回家，发现她的心情非常好。于是妈妈问豆豆："你在幼儿园里做了什么事情，让你这么开心？"豆豆便一五一十地把交换零食的事情告诉了妈妈。妈妈听豆豆讲完，直夸豆豆懂事。

幼儿园里的老师和豆豆的家长"强强联合"，对豆豆进行"改造"。在幼儿园里，老师引导豆豆学会与小朋友们一起分享，让豆豆不再一个人霸占玩具，霸占桌子。豆豆有了和小伙伴们一起分享、一起玩耍的快乐体验之后，再也不是以前的"小霸王"了，她逐渐学会了与人和谐相处。昔日的"小霸王"豆豆，终于有了自己的"闺蜜"和"战友"。

　　孩子之间的交往通常是可以通过零食、玩具等事物联系在一起的。我有玩具给你玩，你有零食给我吃。在这种交换与分享中，友谊诞生在了小朋友们的中间。

　　小朋友在彼此交往的过程中会明白：要想获得朋友，获得友谊，就必须学会分享，学会理解他人，学会关心他人。

　　所以，家长要鼓励孩子与其他小朋友交往，不要怕孩子被欺负，让孩子在与人交往的过程中感受挫折与喜悦，逐渐掌握与人交往的方法和技巧。而做到这一点，就要求家长不能太过心疼孩子。没有经历过挫折，孩子是永远无法真正获得成长的。

# 5

## "性别敏感期"：
## 谁是男的，谁是女的？

> 　　性别意识是孩子形成自我意识的一个重要组成部分。性别认同是孩子从出生就开始的学习内容。孩子会通过各种方式积极地探索并认识自己的身体器官，而且一生都在持续地学习。所以，家长不要干扰孩子对自己身体的探索，也不要让孩子以为自己对身体的探索是"羞耻"的。

　　孩子在四岁以后，会对性别产生浓厚的兴趣。"性别"一部分来自于自然属性，一部分来自于社会属性。对社会属性的那部分，孩子很快就会知道，比如说：女孩蹲着尿尿，男孩站着尿尿；女孩留长发，男孩留短发；女孩玩芭比娃娃玩具，男孩玩遥控汽车玩具。与此同时，孩子对生理属性也是很感兴趣的，比如，一旦孩子发现男女不同时，他就会追着看。如果孩子出现这样的情况，说明他的"性别敏感期"到了。

# 不想当男孩子

有一天，小智从幼儿园里出来，脸上没有了往日的笑容。虽然他试图控制住自己的情绪，不让眼泪掉下来，但他一见到妈妈，还是忍不住哭了出来。

妈妈急忙抱过儿子，轻声地问道："宝贝，你这是怎么了？你怎么哭了？是谁欺负你了？还是你哪里不舒服？"妈妈一边说，一边关切地检查着小智的身体。

小智忍住眼泪，摇了摇头，但还是很不开心。他委屈地说道："妈妈，我为什么是男孩子？我不要当男孩子了。"

听了小智的话，妈妈心里的石头落地了。原来，小智得的是"心病"啊！妈妈疑惑地问道："当男孩子不好吗？"

"当然不好了，当男孩子不能玩洋娃娃，也不能生孩子。"小智噘着嘴，依然觉得很委屈。

妈妈领着小智步行回家，路上妈妈继续问道："这些都是谁告诉你的啊？"

在妈妈的询问下，小智才慢吞吞地讲出了事情的原委。

原来，下午下课后，小朋友们都在一起玩游戏。小智和贝贝、小兰也在一起玩"过家家"的游戏。他们有一个洋娃娃、一个铲子和一个钱包，然后，他们开始分配任务。小智非常喜欢那个可爱的洋娃娃，于是他一把抢过洋娃娃，说道："我要这个洋娃娃！"

小兰和贝贝并没有马上理他，而是继续商量谁当爸爸和妈妈的问题。小智抱着洋娃娃说道："我要当妈妈，小兰当爸爸，贝贝当宝贝。"

　　小兰一听，就不高兴地说道："男孩子只能当爸爸，不能当妈妈。"

　　"为什么我不能当妈妈？我就要当妈妈！"小智生气地说道。

　　贝贝一把夺过洋娃娃，对他说道："男孩子也不能玩洋娃娃，洋娃娃是女孩子才能玩的玩具。妈妈说了，只有女孩子才能当妈妈，因为只有女孩子才能生孩子。我就是妈妈生的，妈妈就是女孩子。"

　　"男孩子也能生孩子！爸爸说我是他亲生的！"小智不服气地说。

　　"那也不行，他是你的爸爸，不是你的妈妈，所以你还是不能当妈妈。"小兰补充道。

　　"那我不做男孩子了，我也要做女孩子！"小智非常严肃地说。可是，小兰和贝贝看到他的样子，都嘲笑他不像个男子汉。最后，"过家家"的游戏也没玩完，小智还惹了一肚子的气。

　　妈妈听完了小智的解释，心里也有了想法。她忽然意识到，孩子马上就要进入"性别敏感期"了。她决定晚上回去就给小智解释一下他应该知道的"秘密"。

　　不过，她也有点犯难了。因为两性关系本来就难以启齿，何况是对一个小孩子呢？要怎么说才能更容易让小智接受呢？

　　晚饭后，妈妈就给小智上了一堂课——"我是小小男子汉"。当小智看到这个题目的时候，并不是特别兴奋，因为他还想着变成女孩子呢！

　　妈妈不紧不慢地说："小智，你能告诉我，什么是男子汉吗？"

　　"就是男生呗。"小智心不在焉地回答道。

　　"什么是男生呢？"妈妈紧接着又问。

"不知道。"小智疑惑了一下，摇了摇头。

妈妈趁机对男生与女生之间的区别作出了分析。小智似懂非懂地点着头，还不时地问一些问题。不过小智终于明白了，性别是天生的。小智也懂得了，当个男子汉更值得自豪。他主动跟妈妈表示，自己以后要当个男子汉，保护妈妈。

或许在开始这个话题的时候，妈妈还有点犯难，因为两性关系又包括一些身体上和心理上的区别。不过，当妈妈开始讲这个问题的时候，小智表现得非常自然。这让妈妈松了一口气。

从那天开始，小智再也没说过自己要当女孩子，也没说过不当男孩子。他越来越清晰地意识到自己是个男孩子，应该当一个顶天立地的"男子汉"。

## Parenting 育儿一点通

当孩子处在"性别敏感期"，开始对性别有了概念的时候，家长千万不要因为孩子的无知而嘲笑他们，更不要因为有些话难以启齿而对孩子闭口不提。家长要做的就是：把事情讲清楚，让孩子自己来判断。

孩子们谈论的"男女关系"只是很单纯的关系，家长千万不要大惊小怪。大人之间拥抱，也不必对孩子躲躲闪闪。家长要让孩子知道，拥抱其实就是一种对喜欢的人的一种亲昵的行为，而不是什么遮遮掩掩的事情。

成功捕捉敏感期 **家长不茫然，孩子更优秀**

## 害羞的小马

　　小马是幼儿园大班的学生。小马的爸爸老马虽然是一名普通的公交车司机，但小马特别崇拜爸爸，他希望自己长大以后能像爸爸一样，开着长长的公交车，拉上一车子的人，在城市里穿行。不过，最近小马却失去了往日的快乐，变得害羞不已。

　　小马的妈妈是一名儿童医院的护士，小马特别依恋妈妈，没事的时候，他总是喜欢让妈妈抱着，就连睡觉也非要缠着妈妈。可是，最近他却刻意地避开妈妈。

　　有一天，妈妈带着儿子去澡堂子洗澡。以前，儿子总会迅速地站在门口等着妈妈一起出门。可是这一次，妈妈喊了很多回，小马就是不动弹，直到妈妈把东西收拾好了，他也没有要跟妈妈一起去的意思。他站在沙发旁，若有所思地看着妈妈。

　　"儿子，还愣着干什么呢？走吧！"妈妈一边拎着大包小包，一边呼唤着小马。

　　小马怯怯地往前挪了几步，对妈妈说："妈妈，我不想去洗澡，以后我也不想跟你一起去洗澡了。"

　　"为什么？"妈妈不解地问。

　　"因为我们班的男同学都不跟妈妈一起洗澡了。他们说男孩子是不能随便进女澡堂的。我是一个男孩子，要是去了女澡堂，总有点怪怪的。"小马一本正经地说。

　　"哎呀，你还是个小孩子呢，哪里还分什么男女啊？没有人会在乎你一个小孩子在什么地方洗澡的，咱们快走吧！"妈妈一边解释一边催促道。

"我才不去呢！我是男孩子，不去女澡堂！"小马说完就躲回了房间，任凭妈妈怎么劝都不行。

没过几天，小马又提出了新的要求。他从幼儿园回来就对妈妈说："妈妈，我晚上不想和你一起睡了，我要回自己的房间睡觉。"妈妈觉得有些奇怪，虽然她给小马准备好了卧室，但小马一次都没睡过，他现在怎么突然想起要回自己的房间了？

小马继续解释道："我以后就是男子汉了，不能总是跟妈妈在一起睡觉了。我可不想让同学们笑话我！"

妈妈看到自己的孩子长大了，心里也非常高兴。她答应了小马的要求，当晚就给小马准备了舒服的被褥。

第二天，小马早上起床，还没等妈妈进来就穿戴好了。而且上厕所的时候，他还把门给关上了。

妈妈想要进厕所拿东西，想也没想就把门打开了。只听厕所里面一声惨叫："啊……谁让你进来的？快出去，我在上厕所呢！"妈妈被他的声音给吓住了，连忙关上门退了出来。妈妈想："这孩子是怎么了，不就上个厕所，至于这么害羞吗？"

吃过早饭，小马就跟随妈妈去上学了。一进校门口，小马的同班女同学小新就过来打招呼："小马，早上好啊！"可能是因为小新没看好脚下的路，她一个趔趄摔倒了。可是，站在一边的小马却没有扶她起来。

这一幕被妈妈看在眼里，她赶紧跑过去把小新扶了起来。小新非常坚强，没有哭，但她却生气地对小马说："我遇到困难，你却不帮我！"小新说完，转身就跑了。

妈妈嗔怒地说道："小马，你这孩子可真是越来越不听话了！

忘了妈妈跟你说的话了？在学校要尊重老师，关心同学。同学有了困难，你要赶紧去帮忙！刚才小新摔倒了，你为什么不去扶她呢？"

"她是女孩子，我不能扶她，因为男生和女生不能碰在一起！"小马义正言辞地说道。这下，妈妈总算是弄明白了，这小家伙到了"害羞的年纪"，懂得了一些"害羞的事情"。

## Parenting 育儿一点通

"性别敏感期"是一个非常敏感的时期。这个阶段的孩子会非常害羞、胆怯，无法面对某些事情。在这个敏感期的初期，他们会对父母产生一种强烈的好感，而这种好感恰巧是对异性的认识。但是这个时候，孩子还不能很好地区分性别。

随着孩子慢慢长大，他们会逐渐认识自己的身体，慢慢就有了"男女有别"的念头。而且，他们会非常关注自己的生理部位，总是好奇地观察自己的身体与别人的身体有什么不同。这时，孩子也会突然冒出几个令家长难以回答的问题。不过，家长千万不要斥责孩子，一定要把男女两性的区别都讲清楚。家长要让孩子自己意识到，这没有什么不好意思，大家都是一样的。

家长要做好引导工作，让他们对男女关系有更全面、更客观的认识。另外，一些可以被孩子知道的亲密动作也不要刻意隐瞒，否则会引发孩子更大的好奇心。

第**4**篇

# 5~6岁：
# 加强情感交流

# 1

## "婚姻敏感期"：
## 小孩子也会想和喜欢的人"结婚"

> 处于"婚姻敏感期"的孩子会像大人一样做出一些异样的举动，比如：他会向自己最喜欢的人表白，他会想跟妈妈"结婚"，等等。其实，幼儿的成长过程就是一个纯粹的情感培养和发展的过程，孩子对"婚姻"的认识也需要一个过程。孩子有了正确的婚姻观，会为他将来成人后的婚姻关系奠定良好的认知基础。

一提到"结婚"这个词语，我们马上就会想到这样的情景：两个相恋的人，他们相依在浪漫的秋天里，看着绚丽的晚霞，内心都是满满的幸福。"结婚"是两个人相互允诺的方式，表示真心诚意地爱着对方，彼此不离不弃。

可是，这何尝不是孩子的愿望呢？他们希望与自己的爸爸妈妈一辈子都不离不弃，他们希望向自己喜欢的人表达自己的感情。

所以，请不要诧异孩子对别人说"结婚"这个词语。他只是非常喜欢那个人而已，与真正意义上的"结婚"可不一样。

## 可可对妈妈表白

可可今年五岁半了，是一个非常聪明的小家伙。他非常乖巧，每次吃过晚饭后都会帮妈妈收拾碗筷，每次爸爸下班回来他都会争着给爸爸倒水。虽然可可年龄不大，但却很有礼貌。每次在家里，他都会把大家照顾得很好。爸爸妈妈都非常喜欢这个小家伙，就连隔壁的刘奶奶也经常夸可可是一个懂事的孩子。

如果妈妈说"可可，赶紧去上学吧"，那么可可一定会迅速地从被窝里面爬起来。穿衣服、上厕所、洗漱、吃饭等事情都不需要大人操心，他自己就能完成。妈妈还经常在别人面前夸可可："我家可可非常懂事，会收拾碗筷，会倒水，会自己穿衣、吃饭、刷牙，真是特别听话！"

其他的妈妈听了，都会羡慕可可的妈妈，说："可可真是个好孩子！我那孩子跟猴一样，整天把家里闹得天翻地覆，真希望他能像可可一样懂事！""可不是么，我家孩子从来都是喂着才吃，哄着才起。真是个'小祖宗'！"每当这时，可可的妈妈都会露出幸福的笑容。谁让她生了这么一个宝贝儿子呢？

不过，妈妈根本不知道小家伙最近在打什么主意。

星期五，妈妈像往常一样把可可从幼儿园接回来，然后进厨房给他做饭。可可并没有像往常一样来厨房帮忙，他对妈妈说："妈妈，你自己忙去吧，我今天有事。"

妈妈笑着问："你能有什么事啊？今天我就批准你不来帮忙

了，你自己玩去吧！"

可可获得了妈妈的批准，一头扎进了自己的小屋。直到饭菜都上桌了，妈妈也不见可可来吃。正巧爸爸也下班回来了，他一进门没看见自己的乖儿子，还有点儿奇怪。

这时，可可从屋子里面出来了，手里拿着一个很大的红色的心形东西。它的周围被很多剪好的小花点缀着，上面写着"妈妈，嫁给我吧，我爱你"。随后，他跑过来，在妈妈的额头上吻了一下。这突如其来的表白阵势可不小，吓得妈妈根本不知道说什么才好，在一旁洗手的爸爸更是惊呆了！

妈妈尴尬地冲爸爸笑了笑，好像在说："这可怎么办啊？这都是谁教给儿子的？我该说什么？好尴尬啊！"

爸爸则冲妈妈挤眉弄眼，好像也在说："吓我一跳！你赶紧回应他一下啊！下一步该怎么办呢？"

"可可，这是谁教你的？"妈妈只好硬着头皮问他了。

"怎么样？惊喜吧？这是我自己想的啊！我们老师说了，只有相爱的人才能结婚。我今天学了剪纸，就把它做成了礼物送给你！"可可高兴地说道。他仍然沉浸在自己制造的喜悦气氛之中。

"可是，我已经和爸爸结婚了啊，而且……"妈妈正苦思冥想，想给可可一个合理的解释。

可可马上抢着说道："我们可以跟爸爸一起结婚啊！我们三个是相亲相爱的一家人，当然要一起结婚啦！"

可可说完，就跑回自己的屋子，又拿出来一个红色的心形东西，这次上面写着"爸爸，嫁给我吧，我爱你"。他得意地说道："我早就准备好了，我们三个要永远在一起！"

爸爸妈妈愣住了，这小家伙太有想法了吧！爸爸赶紧过来抱着他说道："可可，咱们先吃饭吧，你爱吃的菜都快凉啦！"可可乖乖地坐在餐桌上，看着这满桌子的菜，继续说道："我吃完饭，你们就可以答应我了吗？"

"可可，这个问题太重大了，我们要好好想想才能告诉你。等我们想好了再告诉你好吗？"爸爸解释道。可可看了看爸爸妈妈，不情愿地闭上了嘴。

晚饭过后，妈妈在卫生间洗衣服，可可就跑到卫生间里去。他不依不饶地问道："妈妈，你和爸爸为什么不答应我？"

因为气氛缓和了许多，所以妈妈显然没有刚才那么紧张了。她笑着对可可说："可可，结婚不是你想的那么简单。虽然你以后也会结婚，但你不会跟父母结婚。你会遇到一个最喜欢的人，然后和她结婚，在一起生活呢！"

可可认真地说："可是，我最喜欢的人就是爸爸和妈妈啊，我不会喜欢上别人的。"

"结婚是一件非常严肃的事情。而且，你不可以和爸爸妈妈结婚哦，因为爸爸妈妈都是生养你的人啊！"妈妈解释道。

可可虽然不太明白，但是从妈妈的语气中渐渐明白了一个道理：自己不能跟爸爸妈妈结婚，而要找另外一个喜欢的人才能结婚。他默默地退出了卫生间，琢磨着去哪儿找最喜欢的那个人。班里的小莉就不错，彤彤也不错，到底选谁呢？可可一时被"结婚"这件事儿给困住了。

处于"婚姻敏感期"的孩子，往往会向最喜欢的人表白。他们非常直接，非常诚恳。这个阶段，他们会逐渐意识到"结婚"的意义。几乎所有的孩子都向父母表白过，尽管这听起来非常好笑。

这个时候，父母一定要保持冷静，耐心地向孩子解释，告诉他们：什么是"婚姻"，为什么不能结婚，什么样的人才可以结婚，等等。父母不要以为孩子听不懂，其实他们早就能够理解这些问题了。

另外，如果孩子在"性别敏感期"和"婚姻敏感期"当中表现出非常害羞、非常怯懦的心理，父母一定要及时发现和处理，让孩子多接触异性小朋友，鼓励他大胆地说出内心的爱。父母不要因为孩子口无遮拦的话而暴跳如雷，而要学会温和地对待孩子提出的每一个难以启齿的"婚姻问题"。

孩子只有明确地表达出自己内心的想法，并且得到支持和关注，他的身心才能健康成长。父母一定要注意自己的态度，不要过激，而要循序渐进地引导孩子，让他向正确的婚姻观靠拢。

## 小强要和文文"结婚"

小强今年五岁半了，住在阳光小区。邻居家有一个跟小强一般大的女儿，叫文文。这个周末，刚写完作业的文文在得到妈妈允许的情况下，去了小强家里玩。

小强妈妈热情地欢迎文文过来玩，并给文文拿了一些零食，让两个小孩子一起自由地玩耍。

文文和小强在屋子里嘀咕了一会儿，文文就跑了出去，小强则在自家的厨房里倒腾了半天，然后拿了很多瓶瓶罐罐进了自己的房间。小强妈妈笑嘻嘻地看着两个孩子在一起玩耍，也不干涉太多。她认为，家长应该给孩子自由发展的空间，不能过度干涉孩子。

不一会儿，文文就跑回来了，只见她怀里抱了一个洋娃娃，手里还有一些给洋娃娃穿的衣服。小强妈妈一瞧，知道他们这是要玩"过家家"游戏。她喊了一声："你们两个可要注意安全，千万别被瓶瓶罐罐伤到了。"两个孩子兴冲冲地答应着，赶紧跑回了屋子里。

小强的妈妈刚看了一会儿电视，就听到屋子里传来小强的声音："文文，你看咱们家孩子怎么了，他怎么老是哭啊？"另一个声音回道："小强你别着急，我记得妈妈说过，孩子老是哭就是饿了，你先陪孩子玩一会儿，我这就给他做饭吃。"

小强的妈妈倾斜着身子，向小强的屋子里望去，只见文文正用那些瓶瓶罐罐有模有样地"做饭"呢！小强搂着小洋娃娃，小心翼翼地哄着，就好像他真的抱着一个孩子一样。小强的妈妈不禁笑了，心想："这两个小朋友挺有意思的，还真是那个样子。可是，他们两个这么小，知道什么是生活吗？"

两个小朋友玩累了，文文就回家了。这时，小强偷偷地对妈妈说："妈妈，我爱上了文文，我以后要跟文文结婚！"

妈妈一愣，笑着说："你知道什么是结婚吗？"妈妈确实吃了一惊，还不到六岁的小强竟然说自己想跟文文结婚，还说爱上了文文了。她继续问道："那你说，你爱文文什么呢？"

儿子挠着头说道："我也不是很清楚，我就是喜欢跟她在一起玩。"

"那你们以后怎么生活，怎么养孩子啊？"妈妈继续问道。

"文文会给我们做饭吃，她做什么，我们就吃什么。"小强回答道。

小强的妈妈又想笑又发愁，心想："我要怎么跟孩子解释才好呢？怎么才能让他真正了解婚姻呢？这可真是个难题啊！"

## Parenting 育儿一点通

孩子对"结婚"的认识会随着年龄的增长而变化，也许某些对大人来说难以启齿的事情，都会被他毫无顾虑地说出来。有时候，家长遇到尴尬的问题，也不知道怎么解决。其实，我们不应该因为孩子的年龄小而拒绝回答一些关于婚姻的问题。逃避是不起作用的，反而会给"婚姻"增添神秘的色彩。

家长不如在孩子"婚姻敏感期"的时候，清楚地告诉孩子：婚姻就是两个人在一起过日子，结婚之后双方都应该承担起彼此的责任。只有孩子清楚地认识到什么是婚姻，才能帮助他形成正确的婚姻观、人生观和价值观，而不是要等到将来，孩子都要结婚了才发现自己的婚姻观有问题。

# 2

## "逻辑敏感期"：
## 我真的是从垃圾桶里捡来的吗？

当孩子不断追问"天为什么黑了""为什么会下雨""小朋友为什么要上幼儿园"等问题时，家长总是感到应接不暇，可是孩子却不管不顾，非要"打破砂锅问到底"。当家长一次次地给孩子解答时，孩子就有了自己的逻辑思维。孩子在"一问一答"中会进行观察和思考，并且找到事物之间的内在联系。所以，家长要保护好孩子那颗珍贵的好奇心。

作为家长，当孩子反复询问我们各种问题的时候，我们能够做到不厌其烦地给孩子解答，那么孩子一定会非常高兴。这正是他们的"逻辑敏感期"。当我们一次接一次地帮助孩子解答问题时，孩子就会有自己的逻辑思维了。我们千万不要小瞧这一句句看似没有意义的对话，孩子正是通过这种"一问一答"的形式来提高自己的思维能力的。

有一篇文章，题目叫《麻雀与父子》，讲的是麻雀与父子俩之间的故事。故事里，儿子会指着麻雀问父亲十几个不同的问题，而父亲依然不厌其烦地回答他。这说明这个孩子正处于"逻辑敏感期"，而这个时期是他提升逻辑思维能力的重要时期。

## ⋙ 特特的问题可真多

特特的父母都是大学老师，学识渊博，温文尔雅。可是最近，这两个被学生们一直追捧的老师却有了新的麻烦。

五岁的特特最近总是问父母一些奇奇怪怪的问题，这些问题连他们自己都不知道该怎么回答。比如，在特特过生日的那天，妈妈准备了很多好吃的饭菜，还叫来了爷爷和奶奶一起过生日。在饭桌上，特特又开始"攻击"大家了。

他问道："我为什么要过生日啊？"

妈妈解释道："因为五年前的今天，你来到了这个世界上，为了庆祝这一天，咱们家在每年的今天都会给你过生日。"

"妈妈，你骗人，你不是说我是从垃圾桶里捡来的吗？"特特反驳道。

"特特，快吃蛋糕吧！你就是从垃圾桶里捡来的。"妈妈为了不让他继续问下去，果断地将这个问题搪塞过去。特特也没问什么，安静地吃着香甜的蛋糕。

四个大人在一起聊着天，时不时地逗逗特特，气氛欢乐极了。这时，特特忽然问道："妈妈，你说话的时候为什么总是碰爸爸？"

生日的气氛顿时就凝固了，四个大人心知肚明，这分明是妈妈怕爸爸在话语上和自己不统一，想提前提醒他一下，可这小小的动作却被特特看在眼里。

妈妈赶紧解释："可能是我不小心碰到了爸爸吧？没事，吃蛋糕吧！这蛋糕好不好吃？"

特特点了点头又问道："我们为什么要吃饭啊？"

"因为我们吃了饭，才有力气劳动啊！"爸爸抢先回答道。

"那我们为什么要有力气劳动啊？"特特问爸爸。

"因为我们要去实现个人的价值。"爸爸继续解释。

"为什么要实现个人的价值？"特特追问爸爸。

"因为我们不想虚度光阴……"爸爸仍然不停地解释。

"为什么不想虚度光阴？"特特的问题没完没了。

"因为我们的时间非常有限。"爸爸还在不停地解释。

……

一顿饭大家没吃几口，特特的问题比碗里的米饭还多。特特这孩子非常聪明，凡事爱刨根问底，弄得爸爸妈妈都不知道该怎么解释。

一天，特特自己在家里玩玩具车，他问爸爸："爸爸，为什么小汽车能跑啊？"

"因为小汽车有电池啊！"爸爸回答。

"有电池它就可以跑了吗？"特特问道。

"当然了！"爸爸非常肯定地回答。

"那为什么我给那辆小汽车安装上电池它也不跑？"特特指着旁边一辆坏掉的玩具车问道。

"这是因为它是一辆坏了的小汽车。"爸爸回答。

"它怎么坏了？"特特问道。

"它的电池导线坏了，所以就没办法给小汽车传递能量了！"爸爸继续解释。

"哦！"特特似懂非懂地答应着，还想继续问，可是爸爸借故走开了。

最有意思的是，特特不仅有很多问题，而且他还会自问自答。有一次，他站在阳台上，望着天上的鸟，自言自语："那是什么？小鸟。小鸟为什么会在天上飞？因为它们有翅膀。它们为什么有翅膀？因为……"然后扭过头冲着妈妈喊："妈妈，小鸟为什么有翅膀？"

可是，妈妈并没有及时回答他的问题。他又开始自言自语："妈妈为什么不理我？因为妈妈在看书……"这一切都被在一旁浇花的爸爸看在眼里。爸爸觉得特别奇怪，心想："特特最近怎么那么多问题呀？"

## Parenting
### 育儿一点通

特特已经长大了，进入了"逻辑敏感期"。在这个阶段，孩子的问题会非常多。对大人而言，很多问题都能想明白，但对孩子来说，很多问题他都不懂。他也想搞明白一些问题，比如：这个世界究竟是个什么样子？为什么大人们每天要做这么多的事情？等等。

所以，作为家长，我们千万不要因为孩子的问题多而不耐烦，也不要因为孩子老问同样的问题而责怪孩子不长脑子。因为，家长无意中的一个动作或者一句话都会使孩子陷入沉思。家长不认真对待，就会打击孩子的积极性。孩子会这样思考："为什么爸爸妈妈会这样对待我呢？以后我再也不要问他们问题了！"

当孩子的"逻辑敏感期"到来时，家长要首先保持冷静。因为在这个阶段，孩子对外界事物的细微变化都非常敏感。家长要做的就是：尽可能地去帮助孩子理清思路，教会孩子解决问题的方法。孩子所提出的大部分问题，家长都是可以解决的。如果孩子提出的问题比较难，建议家长陪同孩子一起翻阅《十万个为什么》等类型的图书寻找答案。一方面，家长和孩子可以找到问题的答案，另一方面，孩子也会在寻找答案的过程中，体会阅读的快乐。

家长要让孩子认识到，阅读是可以获取知识的，从而培养他阅读的好习惯。这种学习方式同样是培养孩子逻辑思维能力的重要途径。

## 王毅爱上"脑筋急转弯"

王毅特别喜欢"脑筋急转弯"，只要是家里来了客人，他总要缠着客人玩"脑筋急转弯"。有时候，他还会缠着客人给他出难题。虽然王毅并不是每次都能猜对，但他每次都会玩得很开心。如果遇到某个人给他出难题，他就会拼命地想答案，实在想不上来他才去问，然后把这道题记在心里，再去考别人。王毅以此为乐，从不间断。

有一天，家里来了客人，王毅正在房间里玩积木。他转身一看，发现是小姨来了。小姨是一个大学生，也喜欢看一些"脑筋急转弯"之类的书。小姨上次来王毅家，给王毅出了一道题，可把他给难住了。这次，王毅一看见小姨，又缠着要她再出一道题。

小姨想了一下，对王毅说："好吧，我再给你出一道题，你听好了：有对一模一样的双胞胎兄弟，哥哥的屁股有一颗黑痣，而弟弟没有。可是，即使这对双胞胎穿着相同的服饰，仍然有人可以立刻知道谁是哥哥，谁是弟弟。请问，能认出他们的人到底是谁呢？"

"我想想……小姨，你现在可不要告诉我答案。"王毅做思考状，并且小声嘟囔着："哥哥和弟弟长得一样，穿着一样的衣服，但有人能认出他们……"

小姨看到王毅认真的样子，噗嗤地笑了。她没太在意王毅，直接进屋找王毅的妈妈去了。小姨跟王毅的妈妈聊了还没两句，王毅就跑来了。他对小姨说："小姨，小姨，我知道了，有人偷偷看到了哥哥屁股上面的黑痣。"

小姨摇了摇头，说道："不对，你再想想。"

"那就是他们的爸爸和妈妈。他们在洗澡的时候，爸爸和妈妈一定会看到孩子屁股上的黑痣，然后就能分出来了！"王毅解释道。

小姨又摇了摇头，继续说道："不对，不对，你再好好想想。"

王毅实在想不出来了，他只好说道："我想不出来了，你能告诉我答案吗？"

小姨轻松地说道："当然是他们自己啦！"

王毅恍然大悟，说道："原来是他们自己啊！那小姨，你再给我出一道题吧，这次我肯定能想出来。"他拉着小姨的衣角，请求小姨再给他出一道"脑筋急转弯"的题目。

小姨看着王毅，非常无奈。当即给王毅在网上查了好几十条，一条一条念给他听。然而，令小姨惊讶的是，这里面大部分"脑筋急转弯"王毅瞬间就能给出正确的答案。王毅告诉小姨，这里面的题目他都听过，都思考过了。

王毅的妈妈这才告诉自己的妹妹，原来这段时间，王毅几乎每天都沉浸在"脑筋急转弯"里。如果谁能给王毅出一道难题，王毅就会一直缠着他，直到把他"榨干"为止。令人惊讶的是，王毅能迅速记住这些"脑筋急转弯"的题目，然后完整地复述给别人听。

小姨非常惊讶，没想到，王毅是一个这么优秀的孩子。小姨当下决定给王毅购买一些开动脑筋的书籍，让他从书中寻找新的问题。

### *Parenting* 育儿一点通

当孩子处于"逻辑敏感期"时，他们往往会对问题特别敏感，会显示出过人的智慧。最普遍的现象就是孩子与家长"一问一答"，或者"自问自答"。他们会开动脑筋，思考问题，寻找答案。他们会意识到思维力量如此强大，并能找到答案。这种发现问题和解决问题的乐趣，正是他们思考和探索世界的力量源泉。

　　有条件的父母，不仅可以给孩子多买一些脑力开发方面的书籍，培养他们的逻辑思维能力，而且可以引导孩子一起思考，以达到亲子互动、感情交流的目的。同时，通过这样的活动，还可以培养孩子的阅读能力，让孩子学会从书本中找寻想要的答案。

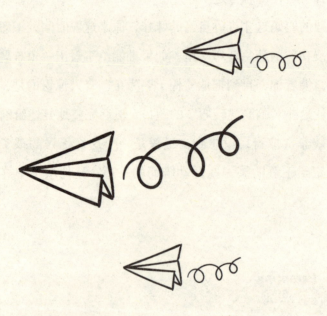

# 3 "情感敏感期"：
哭哭啼啼的孩子就不是好孩子吗？

有一段时间，孩子忽然会对父母产生依恋，会因为一点点小事情就哭哭啼啼，内心敏感而脆弱。这表明孩子的"情感敏感期"到来了。在这期间，父母可以经常和孩子一起玩游戏，与孩子进行情感交流。看到孩子脸上的笑容，父母不仅可以让孩子感受到浓浓的爱意，而且自己也会感受到莫大的幸福。

当孩子认识了身体的部位，认识了周围的事物之后，他们就会上升到一个更加高级的层次——对感情的认识。

处在"情感敏感期"的孩子会突然发现，原来情感是可以互动的。当自己哭泣的时候，爸爸妈妈会跟着紧张；当自己快乐的时候，爸爸妈妈会跟着一起兴奋。原来，情感可以影响一个人，可以影响事物的发展。

孩子意识到这些，就会尝试用情感来控制一切。这期间，他的情绪也会非常敏感，对爸爸妈妈说过的话会非常在意。父母要想与孩子进行良好的沟通，并巩固良好的亲子关系，那就从这个阶段开始努力吧！

## 🕊 陈佳佳总要找妈妈

阳光幼儿园有位小朋友，名叫陈佳佳。她今年五岁半了，是一个相貌非常普通的小女孩。在幼儿园里面，没有谁会特别注意她，就连老师也不会格外在意她。

当老师安排小朋友一起画画的时候，她就安静地画画；当老师安排小朋友一起唱歌的时候，她就快快乐乐地唱歌；当老师教小朋友一起读唐诗的时候，她就认真地读唐诗。但是，她怎么也比不过班里的另外一名小朋友——琪琪。

琪琪每天都会穿上好看的裙子和鞋子来上学，她的妈妈还会给她梳最好看的辫子。幼儿园里的小朋友们都喜欢跟琪琪一起玩，因为琪琪的书包里总有很多好吃的零食。但是，这些小朋友里并不包括陈佳佳。有几次，琪琪主动找陈佳佳玩，都被她拒绝了。

最近，陈佳佳的心情好像一直很糟糕。她每天早上被妈妈叫起来的时候，都会大哭一场。妈妈把这一现象理解为"起床气"。在幼儿园里，她总是无缘无故地生闷气，不与其他小朋友来往，老师把这一现象理解为"不合群"。可是，谁又能真的懂得陈佳佳的心思呢？

有一天，妈妈又经历了陈佳佳的"起床气"，然后按部就班地把她送到了幼儿园。从表面上看，这跟往常并没有什么不一样。可是，妈妈刚在单位上了一个小时的班，就被幼儿园的老师喊了过去。

原来，陈佳佳刚来到班里就噘着嘴，谁也不搭理。过了一会儿，琪琪便过来和她说话。她不仅不理琪琪，而且还大声哭了起来，这突如其来的变化把琪琪吓哭了。两个小朋友一哭，老师便跑过来问清缘由。陈佳佳指着琪琪说："我不喜欢你，你不要再跟我玩了！"然后她又对老师说："我要找妈妈，我现在就要找妈妈！"说着，她不顾阻拦，非要冲出幼儿园的大门去找妈妈。

老师实在拗不过她，只好答应给她的妈妈打电话，让她的妈妈来接她。她勉强同意了，这才停止了哭泣。

当妈妈赶来时，陈佳佳脸上的眼泪还没有干。她看到妈妈，立刻又哭了起来。惊魂未定的妈妈还以为孩子受了多大的委屈，便赶忙询问老师。可老师却说，是陈佳佳自己要找妈妈，其他人怎么劝也没用。无奈，妈妈只好把女儿带回家。

妈妈把陈佳佳带回家里，并给她洗了脸。陈佳佳带着哭腔说道："妈妈，我以后都不要去幼儿园了，我要跟妈妈在一起！"

"那怎么行呢？你不去幼儿园，怎么学知识呀？你不学知识将来怎么赚钱养妈妈啊？"妈妈安抚着陈佳佳。

陈佳佳却说："我也可以在家里学习，为什么非要去幼儿园学习啊？"

"可是，你都在幼儿园上了两年学了，那里有你的小伙伴，有你的老师。你以前说过，你最喜欢上幼儿园呢！"妈妈解释道。

"我现在只想要妈妈。"陈佳佳说道。妈妈还想解释，可小家伙根本就不听。她一个劲地大叫，就是不想听妈妈的劝告。没办法，妈妈只好妥协了。

一整天，妈妈都在琢磨如何劝陈佳佳去幼儿园上学，可陈佳佳好像只想待在妈妈的身边，妈妈走到哪儿，她就跟到哪儿。妈妈心里纳闷："这小姑娘什么时候变得这么黏人了？"

晚上，当妈妈说有事要出去的时候，陈佳佳又赶紧跑过来，拦住妈妈。妈妈解释了好几遍，陈佳佳就是不听，非要跟妈妈一起去，要不然就不让妈妈出门。因为事情比较紧急，所以妈妈也没来得及多解释，直接把陈佳佳送到爸爸身边，趁机溜走了。陈佳佳找不到妈妈，就一屁股坐在地上大声地哭了起来。

## Parenting
## 育儿一点通

　　其实，处于"情感敏感期"的孩子闹情绪是非常正常的现象，因为他们普遍缺乏安全感，容易冲动，难以控制自己的情绪。他们会时常哭泣，离不开最亲近的人。有些孩子因为在这个阶段受到挫折，会在今后的生活中产生消极的情绪。父母要适当地给予孩子一些理解和支持，毕竟孩子的内心是非常脆弱的，他们需要父母的关怀。

　　当孩子闹情绪的时候，父母可以尝试用拥抱来安抚他们，可以陪在他们的身边，跟他们说说话。父母也可以陪着孩子做一些亲子活动。爱与陪伴才是帮孩子顺利度过"情感敏感期"的最佳良药。

## 🐦 爸爸也会讲故事

有一天妈妈要出差，不能回家，雯雯特别不习惯。她拿着《一千零一夜》坐在床上，一副闷闷不乐的样子。爸爸已经在门外喊了很多声了，可雯雯一点儿也不想理爸爸，因为爸爸只会喊"雯雯，刷牙了""雯雯，洗脸了""雯雯，赶紧收拾睡觉了"之类的话，这让雯雯更加想念妈妈。

如果妈妈在家，这个时候，她一定会陪着雯雯洗漱完毕，开始给雯雯讲故事。妈妈讲故事时，神采飞扬，童话里面的人物仿佛就在雯雯的眼前。雯雯每次睡觉都会梦见王子和公主。可现在雯雯该睡觉了，但还没有人给她讲故事呢！

雯雯想到这里，眼泪在眼眶里打转："为什么爸爸就不能像妈妈一样，每天晚上给自己讲个故事呢？"

门外的爸爸也注意到了雯雯的异常表现，往常妈妈喊一嗓子，雯雯马上就会乖乖地跑出来洗漱了，她今天怎么了？爸爸透过门缝偷偷地观察雯雯，他看见雯雯拿着《一千零一夜》正抹眼泪呢！原来这小姑娘是想听故事了，难怪不愿意出来洗漱。她缺少了妈妈每晚必备的节目——讲故事。

爸爸暗自发笑，因为他发现雯雯还知道伤心呢！爸爸故意大声地说："雯雯，你再不出来洗漱，我就不给你讲故事了。我都准备好故事书了。"

雯雯一听喜出望外，发现自己冤枉爸爸了。爸爸和妈妈一样爱自己，怎么会不给自己讲故事呢？她马上把故事书放到桌上，穿着小拖鞋，开门去洗漱了。不一会儿，她就躺进被窝准备好，等着爸爸过来讲故事了。

果然，爸爸拿来一本雯雯从来没见过的故事书——《海的女儿》。雯雯一看封面，惊喜地问道："爸爸，这是谁呀？她像一条鱼……"

爸爸开始有声有色地给雯雯讲起故事来："宝贝，这个美丽的公主叫美人鱼，生活在大海里，她的妈妈不让她出去玩，不让她看到美丽的山峰和耀眼的太阳。她的妈妈越不让她出去，她就越想见见这个美丽的世界……"

半个小时过去了，一篇《海的女儿》讲完了，雯雯也愉快地进入了梦乡。爸爸给她盖好被子，吻了一下雯雯的头，关门离开了。

第二天，妈妈回到家里，雯雯马上就跑到妈妈身边说："妈妈，昨天晚上爸爸给我讲了一个新的故事《海的女儿》，美人鱼特别可怜，她没有好妈妈，也没有好爸爸，我想把她接到咱们家里来，跟我一起玩。"妈妈赶紧抱住雯雯，夸雯雯懂事。

## *Parenting* 育儿一点通

在孩子的成长阶段，父母的配合十分重要，这不光是在"敏感期"，在任何时候，父母都要多与孩子互动，因为孩子的学习能力是不可估量的。陪伴孩子成长是最重要的事情，父母无论有多忙，任务有多繁重，都要抽出时间来陪陪孩子。

## 帅帅不爱开玩笑

　　傍晚，爸爸去幼儿园接帅帅回家，他们途经小商店，爸爸给帅帅买了一个苹果味的棒棒糖。爸爸知道，帅帅最喜欢吃苹果味的棒棒糖了。

　　爸爸骑车进入小区，正巧遇到住在同一个楼里的陆爷爷。陆爷爷背着手，慢慢悠悠地散着步，他也看到了迎面过来的父子俩。于是，陆爷爷笑眯眯地冲着帅帅说道："帅帅，放学啦？"

　　"爷爷好！"帅帅有礼貌地回应他。

　　"帅帅，吃什么好东西啊？给爷爷吃吧！"陆爷爷开玩笑地从帅帅的手里拿走了棒棒糖。

　　帅帅忍住情绪，小声地说了一句："苹果味的棒棒糖不好吃！"

　　"不好吃啊？不好吃我也愿意吃！"陆爷爷忍不住又逗他。

　　谁知，帅帅一下哭了起来，吓得陆爷爷连忙把棒棒糖塞回了他的手里。可就算陆爷爷这样做了，也抚平不了帅帅小朋友的"伤口"了，他歇斯底里地号啕大哭。

　　陆爷爷有些尴尬，悻悻地说："小家伙，脾气还不小，开不起玩笑！"陆爷爷转身离开了。

　　因为事情发展得非常快，所以帅帅的爸爸愣是没反应过来。他还没来得及向陆爷爷解释，陆爷爷就转身走了。这让帅帅的爸爸有些难堪，此时此刻，街边遛弯的邻居都把目光投向了这里，只有帅帅还在车子上号啕大哭。帅帅的爸爸赶紧把他带回了家。

　　晚上，妈妈陪着帅帅一起阅读故事书。他们读到一篇《谁是好孩子》的故事，故事里的主人公小爽为了帮助一只流浪的小狗而对妈妈说了谎，妈妈非但没有责怪小爽，反而夸赞小爽是一个懂事的好孩子。

帅帅的妈妈抚摸着儿子的小脑袋问道："帅帅，如果你遇到这样的事情会不会也对妈妈说谎呢？"帅帅点了点头。

妈妈假装惊讶地说："啊？帅帅，你敢跟妈妈撒谎啊？那妈妈会不高兴的，难道你不怕吗？"

帅帅想了想，回答说："怕！妈妈，我不会对你说谎的。"

"如果你为了帮助别人，必须对妈妈撒谎呢？"妈妈显然想为难一下儿子。可是没想到，帅帅被妈妈吓住了。他抱住妈妈，小声地哭了起来。

妈妈笑着说道："儿子，你怎么哭了？难道这个问题太难了？"

帅帅摇了摇头。

妈妈一边抚慰孩子，一边琢磨："最近儿子怎么老是哭呢？我每次跟儿子开玩笑，都以儿子哭泣为结束。"原本爱笑的帅帅，此刻却成了情感脆弱的孩子。有时，他还会对爸爸妈妈大声吼叫，一点儿鸡毛蒜皮的小事都会被帅帅看得很重。

爸爸妈妈要怎么做才能解决帅帅的问题呢？

**Parenting**
**育儿一点通** ★ ★ ★ ★

其实，不光是帅帅会出现情感脆弱的现象，几乎所有处在"情感敏感期"的孩子都会出现情感脆弱、情绪差、好冲动、难以控制、善变等现象。这时正是孩子最需要家长的时候，家长千万不要以为他们突然变得黏人是自己娇惯的结果。孩子目前最需要的就是：帮助他控制自己的情感，学会调节自己的情绪。

当孩子的情绪变得很差，哭闹得十分厉害的时候，家长要马上表示关注，把他抱到一旁，转移他的注意力。比如，妈妈指着外面的汽车对他说："你瞧，大汽车！"或者妈妈拿出他喜欢的玩具，问他："今天要玩哪一个啊？"这时，孩子几乎都会对妈妈所指的事情有所反应，从而忘记刚才的不快。转移注意力确实是控制情绪最有效的方法。

如果孩子已经懂事，家长就要培养他对情感的控制力。比如，妈妈可以这样告诉他："你是大孩子了，不要为了这件小事哭泣。要有个好孩子的样子！"

大部分家长都希望自己的孩子表现出积极的一面，在任何事情上都非常乐观向上。但是，人的情绪本身就有两面，家长不要忽视孩子的负面情绪。家长应该知道，让孩子把负面情绪强压回去对身心健康非常有害。所以，如果家长要教孩子学会控制情绪，一定要教会孩子如何正确释放负面的情绪。比如，家长可以教孩子跑步、听音乐、大声唱歌等健康的方法。

家长的情绪也是非常容易传染给孩子的。如果孩子生活在一个家庭和睦的氛围当中，他的情绪变化就不会太大。家长对孩子的影响永远胜过所有外界的条件。如果家长表现出对幼儿园的喜爱，那么孩子也会非常乐意去幼儿园。然而，很多家长却把幼儿园当成"虎口"，让孩子以为只有被遗弃的坏孩子才被送进幼儿园。

如果家长表现出对读书活动的热爱，那么孩子也一定对读书活动非常感兴趣。所以，家长尽量不要把一些负面情绪和不良习惯带到孩子面前。家长要想让孩子成为一个感情丰富、乐观向上的人，那么自己首先就要成为这样的人。

# 4 "身份敏感期"：
我不是一个平凡的人！

当孩子经常出现角色扮演的行为时，那么他就进入了"身份敏感期"。这个阶段，孩子会崇拜偶像型的对象。当孩子开始对几个偶像角色进行扮演时，那么他就进入了"身份敏感期"的发展高潮。在这段时间里，孩子会全身心地投入到自己喜欢的角色的扮演上来，每一次扮演角色的变化，都是一次新的体验。他们通过对各种角色的扮演，不但体验了所扮演角色的特质，而且会把自己的性格与扮演的角色相匹配。在这个过程中，孩子的性格也会逐渐形成。

有时候，我们会幻想让自己成为令人崇拜的人，带着一身的光环，赢得万众瞩目的荣耀。我们会期待美好与幸福同时存在，孩子又何尝不是如此呢？

当孩子的各方面能力都得到提高，他就会主动寻找自己的人生方向。他到了"身份敏感期"，会对自己喜欢的人或物格外关注。

处在这个阶段的孩子，常常会把自己定位到某个角色上，通过他人承认自己的身份来获得归属感。

"身份敏感期"之所以会出现，是因为孩子要通过他所崇拜的人物形象来表达自己的愿望，并确认自己的人格。这是孩子构建理想人格的必经之路。对每个人来说，构建健康的人格在一生当中都具有十分重要的意义。家长在这一阶段要十分留意，为孩子提供有效的帮助和支持，不要对孩子表现出的怪异行为嗤之以鼻，也不要嘲笑他说过的话，而要调整心态，给予支持和鼓励。

## ➤ 我要变成一只狗

小强一直特别喜欢小动物，尤其喜欢小狗和小猫。上次小强过生日，妈妈给了他一个惊喜，送给了他一只白色的小狗。小强高兴坏了，整天带着小狗玩耍。不管到哪里，他都跟小狗在一起，形影不离。

但是，小狗长得非常快，不到三个月的时间，它就变成了一只健壮漂亮的白狗，白狗和小强依然是一对非常要好的伙伴。每天下楼遛狗的差事也是由小强负责，有时候妈妈甚至感叹："这两个小伙伴简直好到要同吃同睡了，真是太有意思了！"

不过，有意思的事情可不止这些。不知从哪天开始，小强就说自己也是一只狗。他从幼儿园回来后，就跟白狗一起趴在沙发上。白狗拿舌头舔着吃，他也舔着吃。白狗摇尾巴，他就摇屁股。白狗冲着别人"汪汪"叫，他也"汪汪"叫。爸爸妈妈都嘲笑他，说他变成一只狗了。

他听见爸爸妈妈的话，反而更加兴奋了。他从地上爬起来，蹦蹦跳跳，欢呼道："我变成一只小狗啦！汪汪……汪汪……"

自那以后，小强开始越来越频繁地在外人面前也"汪汪"叫，惹得大家一阵爆笑，但是他自己却不在意。他还要求大家跟他说话的时候，用狗的"语言"——每次讲话之前要"汪汪"，讲话之后也要"汪汪"。

有一天，爸爸问他："你为什么想当一只小狗呢？"

小强轻轻抬头看了一眼爸爸，却没有说话。爸爸又重复了一遍，小强才一本正经地说道："爸爸，你应该说狗语，汪汪……"

爸爸趁着家里没人，就逗小强："其实我是一只大老虎。"爸爸做出大老虎的样子，打算吓一吓小强。谁知，小强突然爬到爸爸身上，并对白狗说道："这是一只大老虎，我们要战胜他！汪汪……"白狗似乎听懂了小强的话，也跟着扑到爸爸身上。小强张开大嘴，咬住了爸爸的胳膊。爸爸欲哭无泪，叫道："疼！"

爸爸几经挣扎无果，无奈之下只得求饶："我是爸爸，我不是大老虎，快松开爸爸！"小强一副非常强势的样子，并对爸爸说道："你说狗语，我才会放过你。"此刻，小强就好像真的是一条凶猛的狗。爸爸只好说："别压着我啦！汪汪……"小强带着白狗"汪汪"叫了两声，放开了爸爸。

可怜的爸爸坐在沙发上，一脸尴尬地问小强："小强，你为什么要当一只狗啊？汪汪……"无奈，爸爸又叫了两声。

"因为狗特别忠诚，也十分勇敢。遇到事情不会退缩，遇到大老虎也不怕！汪汪……"小强神气地说道。

爸爸这下算是搞清楚了，这家伙是想当一个忠诚且勇敢的孩子。不过，他还是无法接受刚才的场景，自己竟然被孩子欺负了一顿，还被迫学狗叫。

其实，每个小朋友都会模仿一些对象，这些对象不一定是人或物，有可能是神仙。这些在普通人看来并无趣味的事物，总能被孩子挖掘出乐趣来。他的眼睛会发现不一样的美，所以不管他喜欢什么事物，家长都不要刻意地去阻止他。

因为处在这一阶段的孩子还没有形成正确的价值观和是非观，所以家长需要帮他们去选择一些正面的、积极的、向上的偶像。在孩子顺利度过"身份敏感期"之后，家长无需担心，他自然会走出偶像的世界，还原真实的自己。

## "齐天大圣"轩轩

轩轩特别胆小，害怕所有的小动物。他每次遇到张爷爷家的小花狗，都会被吓得直哭。他还特别怕黑，如果突然停电，他一定会被黑夜吓坏的。有一次，轩轩一个人在屋子里玩，轩轩爸爸打算逗逗他，就悄悄地把灯给关了。因为是晚上，所以屋子里面一片漆黑，轩轩马上就歇斯底里地大哭起来。因为这件事情，轩轩爸爸还被轩轩妈妈臭骂了一顿。轩轩爸爸有些不服气，说道："吓唬他是为了让他练练胆子！"可是，不管怎么说，轩轩都是个胆小的孩子。

暑假到来了，轩轩迷上了动画片《西游记》。他最喜欢的角色就是"齐天大圣"孙悟空，轩轩希望自己也能变成这么一个什么都不怕的英雄。不过，说归说，他怎么会变成一个勇敢无畏的孙悟空呢？轩轩爸爸打心眼里都不相信轩轩会改变胆小的性格。

这天，电视里又播放《西游记》，轩轩兴高采烈地跑到卧室，不一会儿就出来了。他拿着一块毛巾裹在腰上当皮草裙，又把妈妈的发卡戴在头上当紧箍咒，把玩具"金箍棒"攥在手里，另一只手放在眉毛上，一条腿站立，看着爸爸，眼睛还忽闪忽闪地眨着，俨然成了一只活生生的"泼猴"。

轩轩爸爸本来在玩手机，结果一抬头，被这"泼猴"吓了一跳。这也太夸张了吧，这身打扮简直太滑稽了！轩轩爸爸忍不住笑了起来，说道："哈哈，哪里来的妖怪？"

轩轩并不理会爸爸的嘲笑，说道："我是'齐天大圣'孙悟空！"

轩轩爸爸瞧他这副样子，就问他："你是'齐天大圣'孙悟空？那你怎么还怕张爷爷家的狗啊？那你怎么还不敢一个人去上厕所啊？那你怎么还不敢跟小朋友一起出去玩滑梯？"

轩轩似乎并不想回答这些问题，转身自己玩去了。他还要了一套有模有样的"棍法"，嘴里不时地发出"嗖嗖"的声音。轩轩爸爸摇了摇头，心想："小家伙还是太胆小！"

突然，门铃响了，轩轩爸爸赶紧打开门，外面站着轩轩的好朋友娜娜以及她的妈妈。

娜娜妈妈说，娜娜要来找轩轩玩。这孩子在出门前要换上"芭芭拉小公主"的衣服，必须穿着粉色的裙子，带着"魔法棒"才愿意出门。娜娜就连说话办事都特别像一个公主，就连走路的姿势都变得非常淑女。

轩轩爸爸一听，真是"同病相怜"啊，家里正有一个"孙悟空"呢！轩轩爸爸像是找到了能"诉苦"的人，他一脸无奈的表情，对娜娜妈妈说道："我家轩轩都当了半天的'孙悟空'了，真不知道现在的孩子都怎么想的，哎！"

娜娜妈妈一听就笑了，说道："您不会不知道吧？孩子这是进入'身份敏感期'了！孩子从五岁开始就会以一个偶像人物作为自己的人格代表，并模仿他们的样子来充实自己。他们找到了自己喜欢的人和物，就开始把这个人和物的性格特征运用到自己的身上。等他们过了这个阶段就好了。"

"是吗？我们家没人说起这个。您再跟我说说，这个敏感期，孩子都有什么表现？大人应该注意什么？"轩轩爸爸急切地问道。

娜娜妈妈慢慢说道："孩子在幼儿阶段对许多道理和规矩都不清楚，会出现哭闹、争抢、逃避等情况，这个时候，家长就要利用孩子崇拜的人物来约束他，让他明白，什么才是好的，什么才是不好的。性格怯懦的孩子就会倾向于喜欢强大类型的偶像，他自己也知道弥补自己的性格缺陷。咱们做家长的要尊重孩子的意愿，多与孩子做相关的游戏，尽可能多地挖掘孩子的潜能。"

"真是没想到啊，等轩轩妈妈回来，我们一定好好地研究一下这个'身份敏感期'。您把娜娜放这儿吧，等一会儿她不玩了，我就把她给您送回去。"轩轩爸爸说完后，恭恭敬敬地把娜娜妈妈送走了，嘴里还一直嘀咕着这个"身份敏感期"。

　　五六岁的孩子在精神上开始脱离父母，他们会从动画片或文学作品中选择心仪的偶像。内心弱小的孩子，往往会选择形象高大的人物作为偶像，从而满足自己内心的需求。

　　孩子们确定了自己的偶像之后，就会全身心地投入到偶像的角色扮演之中。这一点家长应该深有体会，孩子会在家里到处模仿"光头强""奥特曼""美羊羊"等形象，这是孩子在吸收偶像的特质，不断地充实自己。

　　"身份敏感期"同时也是家长的教育关键期。如果家长能在这个阶段利用孩子心目当中的偶像来教育孩子，那么教育的效果一定会非常好。比如：如果孩子特别喜欢美羊羊，孩子经常哭闹、任性、发脾气，家长只要说"美羊羊从来都不乱发脾气，也不哭鼻子"，那么小家伙就会马上控制住自己的情绪。不管孩子的偶像到底是谁，父母都应该积极地帮助他构建自我，尽可能地满足他的需求，将偶像身上的优点指给孩子看，并让孩子向偶像看齐。

　　孩子都希望自己成为最优秀的人，所以，家长要做到：允许他尽情地去模仿偶像，模仿偶像能够帮助孩子辨别是非，分清善恶；帮助孩子纠正坏习惯，满足孩子各种各样的幻想；帮助孩子对周围事物做出正确的判断。因此，"身份敏感期"对孩子的成长非常重要。家长要尽可能地满足孩子，并带领孩子朝着正确的方向奋进。

# 5 "音乐和绘画敏感期"：
孩子还挺有艺术细胞的！

曾有教育家这样描述孩子的"音乐和绘画敏感期"的重要性："如果孩子在六岁之前没有握过画笔，或没有接触过音乐，那么这个孩子的艺术天赋很有可能会就此泯灭。"这句话就是为了引起家长们的注意：在六岁之前，孩子会经历一个"音乐和绘画敏感期"，家长在这一期间关注孩子的艺术兴趣，对孩子加以培养，那么他就有可能会踏入艺术之门，成为一个小小的艺术家。

每个孩子都是艺术家，他们用音乐和绘画的方式展现着与众不同的生命色彩。虽然并不是所有的孩子都能成为像凡·高或莫扎特那样的艺术大师，但是，人类这种与生俱来的对艺术的热情会伴随着他们从出生开始直至生命的尽头。伴随孩子成长的小画笔和各种能发出声响的乐器，不仅带给了孩子欢乐，而且为家长们传递出一个信息——如果孩子喜欢乐器或绘画，并且非常着迷，这说明孩子的"音乐和绘画敏感期"来了。家长们要密切关注孩子的艺术天性，挖掘他的艺术潜能。

## 陈书盟爱画画

"哎哟，你这脸上画的什么啊？"小李站在门口看着小陈的脸，吃惊地说道。

听小李这么说，小陈的脑子一下子就清醒了。他转身走进卫生间对着镜子一看，自言自语道："这个小兔崽子又往我脸上乱画了。"他再转身一看，小儿子陈书盟拿着彩笔在他自己的身上、脸上、胳膊上、衣服上也画满了杂乱无章的图案。看着儿子这个滑稽的样子，他的怒气顿时消了大半。

"这已经是第五次了！你家那孩子也这么爱到处乱画吗？我每天睡午觉，都要防着他往我脸上画。幸亏我刚才没出门，要不是你提前来找我并提醒我，我还不知道要闹出多大的笑话呢！"小陈无奈地说道。

"我那孩子比你家书盟调皮多了，现在正扮演奥特曼打着小怪兽呢！我也是被他打出来的。现在这孩子可真闹腾，也不知道咱们小时候有没有他们这么调皮。"小李回应道。

"这孩子太无法无天了，整天拿支笔到处乱画！最重要的是，这根本不叫画画，一个图案也没有，就知道乱画一通！"小陈继续说道。

小李提醒道："你怎么不给他买个图画本啊？"小陈觉得也应该给儿子买个图画本，他老是这么到处乱画也不是个事儿啊。

第二天，小陈就给儿子书盟买了两本精美的图画本。他耐心地对书盟说："书盟啊，你要是喜欢画画呢，就画在这上面，不要到处乱涂乱画好吗？"

陈书盟似乎很喜欢这两本精美的图画本，他两只眼睛盯着图画本，点着头回应爸爸，然后转身跑回自己的屋子里画画去了。

整整一个下午，书盟就躲在自己的房间里没有出来。小陈有些好奇，就悄悄地潜入儿子的房间，打算"侦察"一下。但是，这一看可不要紧，却把小陈气坏了，因为满地都是儿子画过的纸张，乱七八糟的。

小陈一下子怒火中烧，一把夺过儿子正在"创作"的作品，冲着儿子大声吼道："你这画的什么呀？乱七八糟的，真是浪费纸张！"陈书盟还没明白过来怎么回事，他睁大眼睛看着爸爸，一脸无辜的样子。最终小陈判定，陈书盟没有任何绘画天赋。

陈书盟终于在爸爸关上门的那一刻，哭了出来。爸爸为什么给他买了画笔和图画本，却又说他没有画画的天赋？陈书盟感到委屈。

在之后的一段时间里，陈书盟再也没有跟爸爸亲密地互动过，他每次看爸爸时，表情都特别冷漠，总是躲得远远的。直到有一天，书盟的妈妈收拾房间的时候，发现了一本精美的图画本，并把它给小陈看。小陈翻开来一看，除了当天看到的一幅图是彩色的，其余的图都是偏深色的。而且刚开始，陈书盟画的线条是向外扩散的，后来的线条却渐渐向内靠近。这或许也体现着书盟的情绪吧！

Parenting
育儿一点通

　　"绘画敏感期"同"音乐敏感期"一样，都是孩子表达情绪的良好时期。孩子能表达情绪的方式太少，心里有些想法却又说不出来，只好通过绘画和音乐来宣泄了。也许对大人而言，绘画就是画成一幅令人称赞的作品，音乐就是完成一首好听的歌，但是对孩子来讲，绘画就是画出无数个图形，音乐只是一种带有节奏的声音而已。孩子的世界没有那么复杂，所以家长不要用成年人的眼光来要求孩子如何绘画或学习音乐。

　　在孩子的身上，我们能够看到许多天然的语言形式，绘画就是其中之一。他们通过绘画来表达自己对世界的认识和感受，这大概跟"符号学"的概念差不多，孩子们用图形来记录自己的情绪，虽然大人们看不懂他们画的是什么，但是他们自己却认得。一些简单的抽象的符号或许记录的就是一件高兴的事情。许多大人都以为乱涂乱画的孩子不具备绘画天赋，其实，真正不懂得欣赏的是家长自己。

　　如果家长以成年人的标准来看待孩子绘画，那么孩子可能会失去绘画的天赋。实际上，家长最应该从孩子的角度出发，去还原他绘画的原始状态。随着孩子慢慢长大，他们就会逐渐将乱涂乱画演变成一些简单的小图形。在这个阶段，他也会关注生活中能引起自己注意的事物，比如观察小动物、看图画、听故事等。他们进入了一个真正有形的空间，并且依靠想象力将它们还原在纸上。在孩子的"绘画敏感期"，家长要多让孩子接触有规则的图形，比如皮球、魔方、三角尺等。

孩子每次画完画，都会非常高兴地拿出画来与大家一起分享。在孩子完成一幅"杰作"的时候，家长要给予肯定和赞美。

在这个阶段中，孩子很少注意到细节的变化。过了这个阶段，孩子们自然会提高注意力，把视线转移到细节上。之后，他们就会把这种关注体现在绘画中了。

如果孩子对绘画感兴趣，那么他将保留并发展这个爱好。等他长大后，他会通过绘画来表达自己内心的情绪。他更愿意花精力去琢磨绘画，在作品中流露出自己的情感和人生态度。这也是一个艺术家崛起的开始。

## "情歌王子"小胖

自从小胖一家搬进了新买的楼房，他每天都能听到街边卖电器的店铺播放的音乐声。正是因为这个原因，五岁的小胖从此爱上了音乐。

每天早上，卖电器的商铺门脸儿一开，小胖就趴在窗户上听《最炫民族风》《小苹果》等流行歌曲。直到妈妈过来拽他，他才极不情愿地去幼儿园上学。

有一天，妈妈提前下班去接小胖，正巧遇到幼儿园的李老师在门口收拾东西。李老师见小胖的妈妈来了，赶紧过来打招呼。李老师说："你家小胖真棒！你是怎么教他的啊？"小胖的妈妈听得一头雾水，赶紧问她怎么回事。李老师看她一脸迷茫的样子，继续说道："今天班里举行唱歌比赛，小胖得了第一名呢！"

小胖的妈妈非常诧异，小胖还会唱歌？家里也没人教他啊！不过，她没有直接对李老师讲，而是默默地接受了李老师的夸奖。

在回来的路上，妈妈半信半疑地问小胖："小胖，听说你今天比赛得了第一名，是唱歌吗？"

小胖自豪地说："妈妈，我们班的小朋友都说我唱得好听！"

"你唱的什么歌啊？"妈妈赶忙问他。

"《小苹果》啊！"小胖回应道。

"那你给妈妈唱一遍好吗？"妈妈提出了要求。

小胖点了点头，唱道："你是我的小呀小苹果，怎么爱你都不嫌多，红红的小脸，温暖我的心窝……"

妈妈一听，这不正是街边卖电器的店铺经常放的歌吗？这个小胖竟然学会唱了。妈妈摸着他的小脑袋，高兴地说道："小胖，以前妈妈错怪你了，原来你唱歌这么好听啊！以后妈妈每天都教你唱歌好吗？"

小胖拍着手，说道："好！妈妈，我可喜欢唱歌了！要是以后妈妈能教我唱歌，那真是太好啦！"

回到家里，妈妈挑了一张 CD 用电视播放出来。妈妈给小胖选了一首《最炫民族风》，然后他就模仿着画面上的人物跟着唱了起来："苍茫的天涯是我的爱，绵绵的青山脚下花正开……"小胖一边唱着，一边随手还在桌子上拿起一个玩具当麦克风。妈妈看到小胖捂住胸口，卖力唱歌的样子，不禁大笑起来！

为了培养小胖唱歌的天赋，妈妈特意给小胖买了一个 MP3，从网上下载了一些歌曲，让他自己学着唱歌。小胖在家里整天扯着嗓子，练得不亦乐乎。如果爸爸妈妈夸他唱得好听，他就会更加卖力地唱歌。他说，唱歌是他最喜欢做的事情。

当孩子处在"音乐敏感期"的时候，作为家长，你千万不要小瞧他的天赋。或许哪一天，他高歌一曲，你就陶醉了。不管放什么样的音乐，只要孩子喜欢就好。

随着孩子慢慢长大，他不满足于只用耳朵去感受音乐，还会调动整个身体器官去感受音乐。这时，身心两方面的投入才是孩子内心对音乐的真实体验。

孩子是一个具有艺术天性的个体，他会根据自己的视角和感受，去体会艺术的魅力。

许多家长会问这样一个问题："孩子处于'绘画和音乐敏感期'的时候，是不是应该拿起笔就画，听到音乐就要学着唱呢？如果不是这样，那孩子是否就不具有艺术天赋了呢？"事实上，这个问题并不是什么大问题，只要是自己喜欢的，他想画就画，想唱就唱。处于"音乐和绘画敏感期"的孩子，无论是否有天赋，他对音乐和绘画都是有需求的。家长要尽可能地为他提供更多的机会，为他的成长打下良好的基础。

# 6 "书写和阅读敏感期"：
## 小家伙还会读书看报呢！

> "书写和阅读敏感期"是孩子在儿童时期智能发展到一定阶段的必然结果。家长抓住这个时期培养孩子的书写和阅读能力，将会为他的书写和阅读习惯的培养打下良好的基础。

在孩子三岁半左右，父母就会发现，孩子突然很喜欢拿着笔涂涂画画，甚至"假装"在写东西。当孩子有这样的表现时，那就说明他已经进入"书写敏感期"了。孩子四岁以后，会逐渐对书写和阅读感兴趣，他的书写能力和阅读能力也会越来越强。他慢慢开始理解书写和阅读的真正意义了。

五岁以后，孩子开始进入"书写和阅读敏感期"，开始把"读"和"写"结合起来。虽然孩子的书写与阅读能力发展比较迟缓，但如果孩子在语言、感官、肢体动作等敏感期内得到了充分的学习和锻炼，其书写和阅读能力便会自然产生。此时，家长可以多准备一些读物，布置一个有书香味的居家环境，让孩子养成爱读书、爱写字的好习惯。只要家长用心培养，将来他一定会成为一位学识渊博的人。

## 第一次看报纸

媛媛最喜欢爸爸妈妈给她讲故事了。《格林童话》《安徒生童话》《伊索寓言》等都是媛媛喜欢听的内容。可是，爸爸妈妈的时间有限，无法天天给她讲故事。

最近妈妈比较忙，每天加班到深夜，实在抽不出时间给媛媛讲故事了。这可把媛媛给急坏了，她着急地问："妈妈，你为什么不给我讲故事了？你昨天不是还说今天要接着讲《小马过河》的故事吗？我要听故事！"

妈妈只能敷衍着说："媛媛乖，今天妈妈上班太累了，明天给你讲好吗？"媛媛噘着小嘴不满地走了。看着媛媛一扭一扭的小背影，妈妈心里也觉着很亏欠媛媛。

第二天晚上，在奶奶哄媛媛睡觉的时候，妈妈走到媛媛的房间，想看一看女儿。结果，媛媛一见到妈妈，就哇哇大哭。

妈妈忙问："你怎么啦？"媛媛抽抽噎噎地说："我要听故事，你昨天不是答应要给我讲《小马过河》的故事吗？"妈妈这才恍然大悟，想起了昨天晚上自己为了敷衍女儿说的话，想不到媛媛都记着呢！

奶奶赶紧哄媛媛说："妈妈上班多辛苦啊，是不是？媛媛要做个懂事的小孩子，不哭了啊！"

媛媛听了奶奶的话，虽然没有大声哭闹，但还是嘟嘟囔囔地说："妈妈骗我，妈妈是骗子！"

妈妈连忙说："媛媛不哭了啊，这个星期天我带你去游乐园玩，好吗？"

媛媛听说要去游乐园玩，终于不哭了。妈妈开始自责，自己不该这样敷衍孩子，担心孩子不会再信任她这个妈妈了。

这时候媛媛的爸爸说："女儿是不是进入'阅读敏感期'了？我们同事的孩子也是经常缠着大人要讲故事。如果大人不给孩子讲故事，孩子就会一直哭闹。后来，他给孩子买了那种有磁性的画画板，还给孩子买了很多绘本故事书。我听说这方法挺管用的。"

过了几天，妈妈发现媛媛有了新的进步，家人都夸媛媛是一个小学问家。为什么呢？因为她经常学着奶奶的样子读书看报，家里人都夸赞媛媛爱学习。

后来，妈妈决定给媛媛买一个画板和一些绘本故事书。媛媛看见小画板，非常高兴。妈妈给媛媛展示了一番，媛媛马上就对这个小画板爱不释手了。不过，这次媛媛并没有着急让妈妈给自己讲故事，而是自己认真地坐在沙发上看了起来，不懂的地方还会问妈妈。

妈妈坐下来要给媛媛读故事，却被媛媛拒绝了。她歪着小脑袋说："我要自己读。"看见媛媛认真的模样，妈妈的心终于放下来了。后来，妈妈又买了一本涂鸦书给媛媛。妈妈问道："媛媛，你喜欢这本书吗？"媛媛抬起头，马上就被这本书五彩斑斓的封面给吸引住了，她拍手说道："妈妈，这本书好漂亮，我好喜欢！"。

妈妈说："我来教教你怎么涂，好吗？"

媛媛奶声奶气地说："好。"

妈妈说："你看啊，这个画上的图是可以涂各种颜色的，你可以涂红色，也可以涂绿色，就看你自己的喜好了。你可以尽情地发挥，这是涂画笔。媛媛，如果你不知道涂哪种颜色，这儿有参考书，你可以参照这个来涂。"媛媛安静地点了点头。

看见媛媛这么听话，妈妈特别高兴。

星期天，爸爸妈妈带着媛媛去游乐园玩，为了让媛媛多多接触外界的环境，他们三人乘坐公交车去了公园。在等公交车的时候，媛媛看见站台上贴着《预防禽流感》的海报，便问爸爸："这是什么字啊？"爸爸念了一遍以后，小家伙就记住了。待到下车的时候，媛媛发现这个站台上也贴着相同的海报，便像模像样地学着爸爸的样子指着它，念完了这几个字，然后又问一遍："禽流感是什么？"这让爸爸妈妈吃了一惊，他们没想到媛媛这么快就记住了，还问他们禽流感是什么东西。

## Parenting
## 育儿一点通

处于"书写和阅读敏感期"的孩子，对知识有着不同程度的渴求，他们喜欢学习，热爱提问，也愿意读书。这是因为他们在完成对身体和周围事物的认知后，会对生活有更深层次的需求。这就像一棵长大了的树苗，自己会去寻找养料。知识就是最基本的养料，孩子们成长到一定阶段，自己就会去书本里面寻找他们所需要的东西。

处在这个阶段的孩子，他们有接受更好教育的需求，家长在这个时候将自己的教育理念传达给孩子，孩子会更容易接受。但是，家长需要注意，不要强迫孩子做他不喜欢做的事情。比如，在不恰当的时间要求孩子阅读，或者为了让孩子多学习知识而取消孩子的游戏时间。否则，孩子会对阅读产生逆反心理，最终厌恶阅读。另外，当孩子在阅读时，家长要监督孩子，看孩子的坐姿是否正确，眼睛与书本的距离是否适当。

## 顽皮的涛涛

涛涛是一个既帅气又顽皮的小男孩。还有两个月的时间，涛涛就要上小学了，妈妈给涛涛准备了很多学习用具，包括小书包、文具盒、本子、铅笔、彩笔、橡皮等。涛涛看着这么多宝贝，心里乐坏了。

妈妈笑着对涛涛说："涛涛就要去上学了，以后就是大孩子了，可不能那么顽皮了啊！涛涛，你想不想去上学啊？"

涛涛眼睛盯着这些宝贝，高兴地说："想去。"妈妈看了看涛涛，会心一笑，便忙着去做饭了。

涛涛一会儿背着小书包在镜子面前神气地走来走去，一会儿去妈妈跟前展示他的小书包。然而，妈妈做完饭从厨房走了出来，却被眼前的景象吓了一跳。客厅的沙发上全是被涛涛用水彩笔涂的线条，地上还散落着撕坏了的几页纸。

妈妈对涛涛吼道："涛涛，你在干什么？"

涛涛被妈妈的吼声吓了一跳，急忙停住了手中的画笔，不敢大声说话。妈妈强压着心中的怒火对涛涛说："你把东西都给我收拾干净，一会儿过来吃饭！"涛涛这才小心翼翼地开始把东西都装进书包里。妈妈看着涛涛，心想："这孩子真叫人头疼啊！"

收拾好东西的涛涛慢慢地走向了妈妈，妈妈让涛涛洗了手。吃饭的时候，妈妈教育涛涛："以后不能往家里的墙壁上、沙发上和衣柜乱涂乱画了。不然的话，你不光要自己收拾，还要受到惩罚。这是第一次，我就饶了你！你听见了吗？"

涛涛低下了小脑袋，一声不吭地吃着饭。好在涛涛认错态度还比较好，妈妈的气也消了。吃过晚饭，妈妈便把沙发套拆了下来拿去洗了。

第二天，妈妈和涛涛早早地起床，去动物园玩。涛涛表现得很好，自己早早地穿好了衣服，并把小书包收拾好了。

妈妈看到涛涛这么懂事，心里倒是有了些许安慰，心想："看来涛涛也有懂事的时候啊！"吃过早饭，妈妈便带着涛涛朝动物园的方向出发了。这一路上，涛涛像一只欢快的小鸟，不停地问道："动物园里有小熊猫吗？妈妈，我要抱小熊猫！""有没有大老虎啊？它们可凶了。"

刚到动物园，涛涛就看见小动物的"家"都挂着一个门牌号。涛涛不停地向妈妈提问，妈妈也耐心地给他进行解说。这一天，母子俩玩得特别开心！

在回家的路上，意犹未尽的涛涛问妈妈："妈妈，我们什么时候还能再去看看那些动物啊？我还想去看它们。"

妈妈摸着他的小脑袋说道："那就看你的表现了，你要是不惹我生气，听我的话，那我就经常带你去。"

涛涛高兴地说："妈妈，我以后不惹您生气了！"

第二天一大早，妈妈就看见涛涛房间的门上画了一个小男孩和他的妈妈的图画。妈妈一看，便知道这是涛涛的杰作，幸亏这门上的画可以擦掉，不然妈妈又要生气了。妈妈心想，这个涛涛果然没有改掉乱涂乱画的毛病，于是问道："涛涛，你画的什么啊？"

涛涛认真地回答说："动物园里的动物都有自己的家，而且每个家都有名字，我也想给自己的房间取个名字。我想叫'欢乐之家'，这个名字我还不会写，所以只好先画了一幅画。"

妈妈笑着说："涛涛，你忘了我之前对你说的话了吧？你要在今天晚上上床睡觉之前，把门上的画擦掉，清理干净。否则，你再也不许上动物园！"

涛涛不高兴地答应着，转身回到了自己的房间，但是没过一会儿他就出来了。涛涛拿着一张纸和一支笔对妈妈说："妈妈，我想学写字。我要在门上写上'欢乐之家'，您能教我吗？"

妈妈点了点头，说道："妈妈现在就来教你写字。"妈妈一边写，一边给他讲解如何书写工整，而涛涛在旁边聚精会神地听着。最后，涛涛在妈妈的指导下，学会写"欢乐之家"四个字了。

**Parenting**
**育儿一点通** ★ ★ ★ ★

其实，处在"书写敏感期"的孩子，对写字非常感兴趣。他们在不经意间发现了另外一种表达自己情感的方式，那就是写字。虽然他们不认字也不会握笔，但极大的写字兴趣会促使他进入一个学习的状态。尽管在此过程中，家长会遇到像涛涛一样把家里画得到处都很乱的情况，但是家长不要刻意去制止孩子的"调皮"行为。

当孩子处于"书写和阅读敏感期"，家长千万不要对着孩子乱发脾气，如果不分青红皂白冲着孩子发火，不仅会打消孩子的积极性，而且不利于孩子"书写与阅读能力"的提高，亲子关系也会受到影响。

对孩子而言，他们一旦用笔在某些地方上留下了印痕，就好像受到了很大的鼓舞一样，会更加努力地进行这个创造性的活动。孩子们画出的看似歪歪扭扭的线条或图画，会激发他们无穷的想象力。

# 7

## "社会规范敏感期"：
## 定下的规矩谁也不能破坏！

孩子从依赖父母、以自我为中心的状态中走出来，逐渐学会结交朋友，喜欢参与群体活动，这就说明孩子长大了，进入了"社会规范敏感期"。家长在这个阶段对孩子进行教育，有助于孩子学会遵守社会规则和生活规范，掌握日常礼节。

"社会规范敏感期"是"秩序敏感期"的延续，是孩子对社会规范提出要求的特殊时期。处在这个阶段的孩子，看似既任性又执拗，其实他们是在不断地认识社会规范，并要求其他人也按照这个规范行事，否则他们就会大吵大闹。

其实，很多大人都遭遇过这种事情——许多社会规范人人都知道并要求大家遵守，可更多的社会规范都是成年人在破坏它。当有一天，你的小宝贝指着你说"不许说话不算数""不能说脏话"的时候，你有没有红过脸呢？

人人都喜欢守规矩的乖孩子，那么作为家长，我们就要努力抓住孩子的"社会规范敏感期"，培养他的社会规范意识。这个时期既是教育孩子树立规范意识的最佳时机，又是教育孩子学会分辨是非的良好时机。

## ⟫ 偷东西的孩子是坏孩子吗？

梦凡非常爱美，每天上幼儿园，她都要求妈妈给她穿上最好看的裙子，戴上最漂亮的发卡。她是幼儿园里的小明星，绘画、跳舞、唱歌等才艺样样精通。她还代表幼儿园参加过地方电视台的表演节目。可以说，梦凡是一个人见人爱的小姑娘。

但是，她也有羡慕别人的时候。玲玲也是一个十分优秀的孩子，而且有一个在国外生活的姑姑。梦凡就是非常羡慕玲玲有一个在国外生活的姑姑，因为玲玲戴了一个闪闪发光的彩虹发卡，而这个发卡国内买不到。

梦凡特别希望自己也能有一个彩虹发卡。她每次见到玲玲，都想从她头上把那个漂亮的发卡摘下来，戴在自己的头发上。可是，玲玲根本不给她机会。玲玲每次见到梦凡，打个招呼就走开了。

一天下午，玲玲把发卡摘了下来，放到书包里，然后跑出去跟其他小朋友一起玩去了。梦凡刚好看到这一幕，于是她悄悄地走到玲玲的书桌前，把她的书包打开，拿出了那个漂亮的彩虹发卡。其他的小朋友都在开心地玩耍，没有人注意到这一切。

梦凡满意地把发卡装进了自己的书包。中间有小朋友来找她出去玩，她也不出去了。其实，她的心思早就被书包里那个亮闪闪的彩虹发卡吸引住了，她满脑子都在想："我要赶紧回到家里，把它戴到头上，那我该有多漂亮啊！"

终于等到放学了，她来不及跟小朋友们打招呼，就赶紧跟着妈妈回家了。妈妈感到梦凡有些不对劲儿，因为在平时她总会缠着自己多玩一会儿，或者去买一点儿零食吃。可是今天，梦凡却闹着要赶紧回家。

梦凡回到家里，迅速地从书包里拿出了那个漂亮的彩虹发卡，戴在自己的头上。她站在镜子面前转来转去，感觉自己真的更漂亮了！妈妈也发现了梦凡头上的发卡，就问道："凡凡，这发卡可真漂亮呀，这是谁的啊？"

梦凡想也没想就说："我的啊！妈妈，我戴这个发卡好看吗？"

妈妈有点疑惑了，说道："好看！谁给你买的啊？我怎么不记得给你买过这样一个发卡啊？"

梦凡怕妈妈说自己拿了玲玲的，就撒谎说："这是玲玲送给我的。她说我戴着比她戴着好看，于是她就把这个发卡送给我了。"

虽然妈妈有些怀疑，但她并不相信自己的孩子会说谎，于是她说："原来是玲玲送的啊，她真是个好孩子！"

第二天，梦凡把彩虹发卡放到书包里，又去学校上学了。妈妈送她的时候，正巧看到玲玲的妈妈，于是跟她打招呼："玲玲妈，你也来送孩子啊？梦凡收了玲玲的礼物，我们也没什么送的，真是不好意思啊！玲玲真是一个好孩子！"梦凡妈妈说着，还摸了摸玲玲的小脑袋。可是她发现，玲玲一点儿也不高兴。

玲玲妈一听，赶忙问道："什么礼物？"

梦凡妈一愣，说道："彩虹发卡啊！"

两个妈妈面面相觑，玲玲突然大声哭了，并嚷嚷道："我的彩虹发卡不见了！我的彩虹发卡不见了！"

此时梦凡站在旁边，也不知道说什么才好，只能在一边低着头。

"凡凡，你跟妈妈说，到底怎么回事？"梦凡妈突然意识到了什么，赶忙蹲下来问梦凡。

梦凡低着头嘟囔着："我喜欢这个彩虹发卡，于是就从玲玲的书包里拿回来了……"梦凡根本没有意识到这是"偷窃"行为。

在妈妈的斥责之下，梦凡从书包里拿出了彩虹发卡还给了玲玲，而玲玲一下就抢过去了。两位家长也被这件事情弄得非常尴尬，只好借故离开了。

妈妈打算等梦凡回到家，好好教育一下她。晚上大家吃过饭，妈妈对梦凡说道："凡凡，你能解释一下今天的事情吗？"

梦凡瘪了瘪小嘴，说道："玲玲的姑姑给她买了彩虹发卡，因为我也想要一个，所以我就拿回来了。我怕妈妈生气，于是就没敢跟妈妈说。"

妈妈一听，心想："这不就是偷东西吗？"她刚想发火，又怕伤到孩子脆弱的心灵，于是只能忍住火气。孩子毕竟还小，还不知道规矩。

于是，妈妈继续说道："凡凡，你以后不能随便拿别人的东西了，知道吗？你在别人不知道的情况下就拿走了别人的东西，会伤害别人的。你想想，如果你有一个美丽的发卡，让别人拿走了，你会不会难过呢？"

梦凡点了点头说道："妈妈，我错了！我以后再也不会拿别人的东西了。我也不该对妈妈说谎，说谎的孩子不是好孩子。"

妈妈抱住梦凡，说道："能勇敢承认错误的孩子也是好孩子，你以后记住就好了。来，妈妈今天也给你买了一个新发卡，好看吗？"妈妈还没说完，就从包里拿出来一个粉色的发卡。梦凡一看到新发卡，赶紧拿了过去，高兴得合不拢嘴。

往后几天，梦凡每天都高高兴兴的，甚至比以往更高兴。妈妈就问她："梦凡，你为什么这么高兴啊？"

梦凡笑眯眯地对妈妈说："妈妈，我和玲玲现在是好朋友了。她喜欢我的发卡，我喜欢她的发卡。我们两个都说好了，谁想戴了都可以向对方借。这样，我们就有两个发卡了。"

妈妈看着梦凡，欣慰地说："你长大了，知道怎么跟朋友相处了。妈妈真为你高兴！"

## Parenting 育儿一点通

或许，每个人都想拥有好东西，但好东西不一定都会属于每个人。因此，真正聪明的做法是学会分享。

孩子之所以会经历"社会规范敏感期"，一方面是为了自己步入这个社会做准备，另一方面就是让自己学习并掌握人与人之间交往的技巧。

俗话说，没有规矩不成方圆。孩子到了"社会规范敏感期"，家长应该引导孩子做一个规规矩矩的人。在做每件事情之前，家长要严格遵守与孩子定下的规矩。家长只有以身作则，才能更好地帮助孩子顺利度过这个阶段。

## 红灯停，绿灯行

小九可真是个好孩子。她的"好"不是一般家庭里孩子的"好"，她是真的会把每件事情都做好，而且她心地非常善良。

如果小区里出现流浪狗或流浪猫，小九一定会叫姥姥拿一些食物出来。她会开心地呼唤小猫和小狗，然后小心翼翼地把食物放在地上，等待小家伙们过来吃。

她在学校里也经常帮助老师收拾班里的垃圾。老师要求做的事情她都会按时完成。如果哪个小伙伴需要帮助，她一定会赶紧过去帮忙。她从来没有和同学们吵过架，几乎所有的人都喜欢她。老师和同学都叫她"小天使"。

这位"小天使"最近也进入了"社会规范敏感期"。其实，她比其他孩子更早地意识到"规范"的力量。所以，她更加需要家长的配合。

有一天，小九跟随姥姥一起出门买东西。她们回来的时候经过马路，因为正是中午，所以街上没什么人。当红灯亮起的时候，姥姥根本没注意，她带着小九就要穿过马路。可是，姥姥还没走两步，就被小九拉了回来。

姥姥着急地说："赶紧过马路啊！"

"红灯停，绿灯行。现在是红灯，我们不能过。"小九大声地纠正姥姥的错误。旁边有一些正要过马路的人也被小九的声音叫住了，都纷纷回头来看她。

姥姥倒是无所谓的样子，并对小九说道："这不是没车吗？有车的时候，就不能过了。但是现在没车，我们为什么还要在这里等绿灯呢?"

"不行，就是不行。红灯停，绿灯行。现在是红灯，我们必须等绿灯亮了才能过马路。老师上课教的。"小九又重复了一遍，姥姥这才妥协了，旁边的人也纷纷停住了脚步。

## Parenting 育儿一点通

社会规范存在的意义，是为了让大家更好地生活在一起。可是，许多小朋友比家长做得还要好。并不是说孩子太天真或太单纯，而是他们对待每件事情都非常认真。

当孩子的"社会规范敏感期"到来时，家长务必重视，并及时捕捉孩子的这一敏感期。

当孩子开始获得社会交往知识和社会交往能力的时候，家长要尽可能地去创造丰富且适宜的环境来帮助孩子成长。比如，家长可以带孩子去社区，去亲戚或朋友家，让孩子接触更多的小朋友，从而学习交往能力，满足孩子的交往需求。孩子在与同龄伙伴相互交往的时候，会学到协商、谦让、分享、合作等社会技能。

孩子与孩子之间会发生争抢玩具、打架、争吵等行为是非常正常的。他们会因为这些事情而愤怒、沮丧和难过，但也会因此学会体谅别人。这些偶然事件都会让他们获得如何与人相处的经验。当孩子遇到问题或困扰的时候，家长不要着急帮孩子把问题解决掉，而应静下心来与孩子共同讨论解决问题的方法，帮助孩子去理解、体谅他人，并让孩子提高解决问题的能力。

　　家长应当为孩子提供民主、自由的环境。家长可以给孩子适当的指导，可以让孩子自己去处理事情，不要过多地干预他们。

# 后记

## 除了捕捉"敏感期"，我们还能做些什么呢？

每一个孩子都是天使，他们的出现总会给我们带来许多欢乐。是他们让我们更深刻地体会到，什么才是发自内心的爱，什么才是心甘情愿的付出。也许，并不是我们教会了孩子多少知识，而是孩子让我们懂得了更多。

当孩子逐渐长大，他们会有独立的意识和独特的兴趣，而作为家长，我们又能帮孩子做些什么呢？

"尊重"是一个我们经常谈起的词，因为"尊重"，所以我们的举止才会变得大方得体，我们的性情才会变得温文尔雅。但是，我们是否能把"尊重"这个词语也用在孩子身上呢？

我们常常听到家长这样训斥孩子：

"你一个小孩子，瞎打听什么呢？"

"回房间去，没你什么事！"

"大人说话的时候，小孩子不许插嘴！"

......

我们自认为自己有独立的意识和主动探索的权利，可孩子同样也有。我们的每一句训斥，会一点点地打消孩子探索整个世界的积极性。因此，家长和孩子的关系应当建立在自由、平等、民主、尊重的基础上。

除了捕捉"敏感期"，我们还能做些什么？以下几个建议，可以更好地帮助大家了解孩子，并科学地养育孩子。

### 第一，观察孩子的行为举止，了解行为背后的动机。

在生活中，我们要多观察孩子的行为举止。未懂事的孩子，都不太会用精准的语言来表达自己的情感变化，他们往往会将大部分的情绪渗透到生活之中。比如，孩子在心情不好的时候会用力摔东西，孩子在高兴的时候会哼哼小曲……这些都是家长了解孩子心理动向的突破口，远比我们把他拉过来质问几句来得"实惠"。

其实，我们观察孩子的行为举止并不是要挑孩子的毛病。许多家长一看到"观察孩子的行为举止"马上就联想到一些具体事例，比如：

"他上完厕所，从来都不洗手，我注意到了一定要说说他！"

"他从来不吃蔬菜，只知道吃甜食，我看见了一定要阻止他！"

"孩子最近怎么还染上了骂人的坏毛病？我一定要臭骂他一顿！"

……

当然，孩子有了不好的习惯，确实需要我们去纠正，但这并非是最终目的。对我们而言，把孩子培养成一个品学兼优的好孩子才是最终目的。如果我们只是纠正孩子的不良行为而不加以引导，我们所培养的孩子是达不到"优"这个等级的。

处于"敏感期"的孩子搞不清是非，弄不清真假，这都很正常。作为家长，我们应当引导孩子学会辨别是非，而非通过"打骂""讥讽"等方式大大地消减孩子探索这个世界的热情。

如果我们观察到孩子有错误的行为举止时，我们一定要以身作则，用轻言细语去纠正孩子，让孩子在我们的身上看到正确的行为。比如，某位家长习惯驼着背走路，却不许孩子驼背走路，那么这样的纠正会毫无意义。家长是孩子的一面镜子，孩子也是家长的一面镜子。我们的孩子是什么样子，也从侧面反映了我们是什么样子。

依依虽然是一个六岁的小女孩，但她每天却像个小老太太似的——坐着时弓着背，站着时也弯着腰，走路时更是驼背。她的爸爸多次斥责她，并强烈要求她改正。可是，效果并不明显，依依也只有在爸爸的怒气之下才会挺一挺腰板。

依依的妈妈却采取了截然不同的方式。妈妈对依依说："依依，有一件事情我想请你帮忙。"

小小的依依立刻来了兴趣，问道："什么忙？"

妈妈说："妈妈最近总是驼背，别人总说我驼背的样子丑死了，你能不能帮妈妈改掉这个坏习惯呢？"

依依点了点头，算是答应了。

第二天，妈妈正坐在沙发上休息，冷不丁就被依依打了一下。依依说道："不许驼背！"妈妈马上挺直了腰。妈妈站着的时候，依依也会在旁边纠正："不许驼背"。就连走路，依依也会注意妈妈，然后对妈妈说："妈妈，你看我都不驼背，你也不许驼背！"依依每次提醒妈妈的时候，都是在提醒自己。

没多长时间效果就出来了，依依和妈妈一起改掉了这个"坏毛病"。

所以，无论是我们和孩子一起改掉坏习惯，还是我们以身作则提醒孩子改掉坏习惯，我们都要在某种程度上配合孩子，并正确引导孩子。

我们要有耐心，同时还要有一颗能接受宝贝缺点的平常心。通过观察，我们会发现，孩子的性格分为两个大的方向——外向和内向。观察孩子的行为举止就是为了确定孩子的性格属于内向还是外向，然后针对孩子的性格来更好地培养孩子。

如果孩子是外向性格，那么我们应多陪孩子到处观光玩耍，多参加一些体育项目或竞技比赛。另外，我们还可以辅助孩子学习演讲、表演等才艺。如果孩子是内向性格，我们则应多带孩子逛逛书店，看看电影，参加一些简单的聚会活动。这样的孩子可以多安排练习书法、绘画、音乐等活动。

总之一句话，我们要想把孩子培养好，就要掌握他的特性，而掌握孩子特性的第一步就是观察。只有仔细观察孩子的行为举止，我们才能真正了解孩子行为背后的动机。

### 第二，给予孩子更多的爱，给孩子有质量的陪伴。

我们先看以下的对话：

孩子：爸爸什么时候回来啊？

妈妈：快了，快了，你先自己玩吧！

孩子：妈妈，你答应我陪我玩这个游戏的，为什么不玩了？

妈妈：妈妈在忙，你先自己玩会儿吧，没看我在工作吗？要是不工作，哪儿来钱养活你呀？

　　孩子：你陪我玩一会儿，就一会儿！

　　妈妈：玩什么玩！妈妈上班就已经够累了，你怎么一点儿都不听话啊！

　　……

　　这样的对话，相信大部分家长都不陌生。这些话孩子几乎每天都要重复好几遍。是的，孩子最需要的不是钱财，不是食物，而是陪伴。

　　如今的社会，物质条件好了，可是家长的陪伴却越来越少。虽然家长满怀着对孩子的爱和对家庭的责任，但人的精力毕竟是有限的，光事业就够忙了，哪里还顾得上孩子？

　　但是，在孩子眼里，他们并不理解工作的意义。他们只知道，爸爸妈妈因为繁忙的工作而没有更多的时间陪伴自己。

　　确实，很少有家长可以悠闲到整天陪着孩子玩耍。但是，作为家长，我们千万不要让孩子对自己失去信心。

　　舟舟是个非常活泼且充满活力的孩子，父母都是"奋斗族"，谁也不愿放下自己的工作来全职照看他。有时候，舟舟特别听话，他会表示理解："爸爸妈妈没时间陪我是因为要给我挣钱，希望我过上更好的生活。"但是有时候，他却苦恼："爸爸妈妈为什么都不肯为我放弃一天时间来陪伴我呢？钱真的那么重要吗？"

　　其实，舟舟的家境非常好，屋子里有很多玩具和零食。可是，舟舟只想要爸爸妈妈的陪伴。父母不在身边，时间长了，舟舟觉得自己很孤单，再也不想把自己的心思告诉他们。他的性格变得越来越内向，甚至有些孤僻，不愿讲话。

缺乏陪伴确实会影响孩子的成长和心理健康。当他对家长失去信心时，家长就很难再走进孩子的内心世界了。所以，许多家长等到孩子长大了，他们就抱怨，说孩子不理解自己，不懂自己的苦，有什么事情也不跟自己说。殊不知，孩子也是这样想的。

作为家长，我们一定要留出时间来陪伴孩子。我们答应孩子的事情就一定要做到，否则就不要轻易许诺。比如，我们答应回家的时候给孩子买一个玩具车，那就一定要做到。如果让孩子最后空欢喜一场，我们可想而知他会有多失望。

如果在白天家长没有时间陪孩子也没有关系，当黑夜来临的时候，陪孩子洗个澡，在床上讲个故事，或者聊一聊今天发生的事情，我们相信孩子一定会特别乖巧。

时光匆匆，生命短暂，我们能给予孩子最多的就是陪伴。所以，我们千万不要吝啬陪伴孩子的时间，这比金钱更重要！

**第三，培养孩子的兴趣，发掘孩子的潜能。**

有一种孩子叫"别人家的孩子"。别人家的孩子画画好，歌也唱得好；别人家的孩子热爱跳舞，各科成绩也都特别棒。我们再瞧瞧自己家的孩子，他都这么大了却光知道玩，一点正经事儿都不做，整天吃了玩，玩了吃，吃了睡。你家的孩子也是这样吗？如果是这样，一定是你没有发掘出孩子的潜能。

每个孩子都是天使。你羡慕别人家的孩子会画画，却忽略了自己的孩子会做手工；你羡慕别人家的孩子会唱歌，却忽略了自己的孩子会下象棋。如果你能敏锐地捕捉到孩子的潜能，并助其一臂之力，那或许，他就是一个天才。

向阳是个内向的孩子，他总是喜欢独处，偶尔看看图画书，玩玩小汽车，堆堆小积木。向阳妈妈却是一个性格活泼的女子，经常跟同事小李聊天。小李家的孩子跟向阳差不多大，两个小朋友在同一所幼儿园并且是同班同学。每次比赛，小李家的孩子都能拿第一名，这让向阳妈妈羡慕不已。于是她不禁对向阳抱怨起来："向阳，你怎么这么笨呢？为什么不努力一些呢？"向阳也不在意妈妈说的话，只顾自己玩。

有一天，老师来家里家访，向阳妈妈热情地接待了她。向阳妈妈特别希望老师能多照顾照顾向阳。老师却说："您家的孩子非常优秀！"妈妈就疑惑了，二十多名的成绩，怎么会非常优秀呢？

老师这才告诉向阳的妈妈，向阳这孩子在学校里面，经常在手工课上一鸣惊人，做出来的手工颇具创意和想法，而且在讲故事方面也非常有天赋，班上的好多同学都特别喜欢他。向阳妈妈大吃一惊，平时没看出来啊……可是，这些有什么用呢？

老师不同意向阳妈妈的观点，她告诉向阳妈妈，孩子的积极性需要保护，他喜欢做手工和讲故事，如果没有得到很好的发展，就会抑制他的潜能。潜能不能得到充分的发挥，自然对学习也没有什么兴趣，更别提什么成绩。

向阳妈妈听了之后，反思了很久，想起之前贬低儿子的行为就觉得自惭形秽。她这才发现，不是孩子不好，而是她没有帮助孩子挖掘出潜能来。

在妈妈"改过自新"之后，向阳进步很大，就连性格也开朗多了。他在手工方面有很强的天赋，自己创造了许多小物品，而且小小年纪也开始编故事了。这次，倒是轮到同事羡慕向阳妈妈了。

作为家长，我们不要盲目地认为，如果孩子具有天赋，他长大后就一定能有大的出息，其实这是不对的。"是金子，总会发光的"，这句话在这里并不适用。因为孩子的天赋是需要挖掘的。我们千万不要因为自己的疏忽而埋没了孩子的潜能。

最后，我们向大家呼吁：亲爱的家长朋友们，请敞开心扉去相信你的孩子吧，他们会在你们的呵护下，成为最优秀的人。

# 附录

## 常见"儿童敏感期"的主要表现与处理方法

| 敏感期分类 | 主要表现 | 处理方法 | 注意事项 |
|---|---|---|---|
| "口和手的敏感期"（0～2岁） | 孩子会不停地用嘴去探索，用手去寻找，他抓起什么东西都往嘴里放。孩子的手一刻也不停，抓、捏、摸、揪、捅、按、拧、插、撕等动作会反复出现。所有与手有关的事情，都是他们最爱做的事情。 | 家长可以准备一些能让孩子咬的玩具，并将它们洗干净后给孩子玩。同时，家长也可以给孩子提供可以动手的材料，让孩子自主发展手的智能。 | 家长不要怕麻烦，不要怕乱，要给孩子充分的自由，保证所给的材料既卫生又安全。 |
| "语言敏感期"（0～2岁） | 从孩子能发音开始，他的语言学习就已经开始了。起先是简单的发音练习，接着是单字的出现，"妈妈""爸爸"是孩子最早会说的语言。孩子会经历"词—短语—短句—长句"这样一个语言发展的过程。 | 语言学习从模仿开始，良好的语言环境是孩子学习语言的最好方式。所以，大人要多与孩子交流。 | 给孩子提供一个良好的语言环境，让孩子尽量在一种语言环境下学习。 |
| "空间敏感期"（2～3岁） | 孩子喜欢移动物体，扔东西，把里面的东西倒出来，把外面的东西塞进去。孩子还喜欢爬、跳、跑、旋转、攀爬等运动。 | 家长要给孩子自由，让身体得到锻炼。家长要提供可以扔或可以摔的材料，帮助孩子完成空间探索。 | 家长不要限制孩子，而要保证孩子的安全。 |
| "秩序敏感期"（2～3岁） | 一旦孩子做某件事情有了自己内在的秩序，他每天就会不厌其烦地做下去，每个环节都不能出错，也不能遗漏，先后顺序也不能被打乱，否则他就要重来一次。这个阶段的孩子似乎有些不可理喻。 | 家长要观察孩子，满足孩子的需求。如果孩子要求重来一次，那就重来一次。如果家长做不到，家长就要安慰孩子的情绪，不能谴责孩子。 | 家长要有足够的耐心，让孩子按照自己的意愿做事情。 |

| 敏感期分类 | 主要表现 | 处理方法 | 注意事项 |
|---|---|---|---|
| "自我意识敏感期"（2～3岁） | 从开始说"我"和"不"，到打人或咬人，再到模仿他人，孩子渐渐有了自我意识。这时的孩子出现最多的现象是划分"我的"和"你的"。如果发生不符合他的心意的事情，他就会大哭大闹。孩子的表现完全以自我为中心。 | 自我意识是形成自我能力的起点。当孩子打人或咬人的时候，家长要去制止孩子的行为，或者转移孩子的注意力。家长不要谴责，也不要说教。 | 家长不要和孩子较劲，而要让孩子按照自己的意愿做事情。 |
| "模仿敏感期"（2～3岁） | 孩子不停地模仿家长或其他人的行为。这时的孩子从形式上看，似乎完全没有自我，但实际上，这是孩子形成独立个性的必经阶段。 | 家长要鼓励孩子去做，模仿本身没有对与错。 | 家长不要打击孩子的积极性。 |
| "执拗敏感期"（3～4岁） | 此时的孩子思维先于行动，并且以为思维就是行为，所以他比任何时候都显得"任性"。稍有不合他心意的事情，他就会哭闹。 | 最好的办法是满足孩子的愿望，如果家长做不到，家长就要理解并安慰孩子。 | 家长不要谴责孩子的行为，而要给予支持和鼓励。 |
| "完美敏感期"（3～4岁） | 这个阶段的孩子会变得非常挑剔，他要求吃的、玩的、用的都必须是完整的、漂亮的。如果不符合要求，他就会就坚决抵制。 | 家长要尽量满足孩子的合理需求，把主动权交给孩子。 | 家长不能粗暴地对待孩子，不要认为他是在无理取闹。 |
| "人际关系敏感期"（3～4岁） | 交往的初始是从交换食物开始的，继而到物的交换。孩子在三岁左右就会通过分享好吃的和好玩的东西与别的小朋友交往。 | 家长要鼓励孩子学会与别的小朋友一起分享食物和玩具。家长要多和孩子沟通，倾听孩子的心声。 | 家长不要刻意去教孩子，这是一个自然发展的过程。 |

| 敏感期分类 | 主要表现 | 处理方法 | 注意事项 |
| --- | --- | --- | --- |
| "婚姻敏感期"（5～6岁） | "我要和妈妈结婚。""我要和老师结婚。""我要和我们班的某某小朋友结婚。""我是新郎。""你要是不和我结婚，我就和别人结婚了。""老师，你结婚了吗？"……根据这些问题，家长就能判断出孩子是否到了"婚姻敏感期"。 | 家长首先要保持良好的家庭关系，这是孩子以后看待婚姻的关键。家长不要回避孩子的问题，而要正面回答孩子的问题，帮孩子树立正确的婚姻观念。 | 家长要引导孩子客观地认识婚姻，不要把自己的观念强加给孩子。 |
| "情感敏感期"（5～6岁） | 孩子突然对成人的态度变得敏感，开始对妈妈过度依恋，因为一点点小事情就哭哭啼啼。在幼儿园和小朋友有一点点小矛盾，他就会立刻哭着找妈妈。 | 家长要多陪伴孩子，安慰孩子，增加与孩子交流的时间，以满足孩子的情感需求。 | 家长不要批评孩子，更不能打骂孩子。 |
| "身份敏感期"（5～6岁） | "我是警察。""我是恐龙。""我是超人。""我是孙悟空。""我是哪吒。""我是白雪公主。"……突然间，孩子们摇身一变，成了他们理想中的人。孩子会通过自己喜欢的人物来确认自己的身份，建构自己的人格。 | 这时的孩子需要家长的理解。家长要提供一些帮助，比如，为孩子提供可以做角色扮演的服装或道具。 | 家长不要随意取笑孩子，甚至戏弄孩子。 |

| 敏感期分类 | 主要表现 | 处理方法 | 注意事项 |
|---|---|---|---|
| "绘画敏感期"（5～6岁） | 孩子从两三岁开始涂鸦、画线团，之后能够画出事物的简单形状。三四岁的孩子总会不断地要求大人来画，因为他开始意识到自己的能力是有限的。经过一段时期的观察之后，孩子又开始自己画。五六岁的孩子会逐渐地进入一个绘画的高峰期，开始把握事物的整体特征。随着年龄的增长孩子的绘画能力也逐渐增强。 | 孩子的绘画智能是与生俱来的，所以给孩子提供一个良好的艺术环境是至关重要的。比如：让孩子欣赏世界名画，给孩子布置一个有氛围的美术工作区，让孩子自由地创作，带孩子到大自然中去观察，等等。 | 家长不要对孩子的作品评头论足，要让孩子自己去发现艺术的奥秘。 |